Vater unser - Leben im Reich Gottes

Vater unser

Leben im Reich Gottes

WeG Verlag

Autoren: Leo Tanner (Pfarrer) in Zusammenarbeit mit Urban Camenzind (Diakon)

WeG
Verlag

Druck: Fuck, Druckerei und Verlag, DE-56072 Koblenz

3. überarbeitete Auflage 2012

ISBN-978-3-909085-70-5

Inhaltsverzeichnis

Hinweis

Auf der Homepage www.weg-verlag.ch können die Vorträge zu diesem Kurs auch angehört und heruntergeladen werden. Ebenso ist eine Kurzfassung der Vorträge auch als DVD erhältlich.

Vorwort

Liebe Leserin, lieber Leser

Sie haben die Schrift «Vater unser – Leben im Reich Gottes» in der Hand. Sie haben drei Möglichkeiten, diese Schrift zu verwenden:

– *Als persönliche Bereicherung.* Dann werden Sie die Texte und die Meditationen auf die Art und Weise lesen, wie Sie es gewöhnlich mit Büchern tun.

– *Als Impulstext für einen persönlichen Wegprozess.* Dazu brauchen Sie mindestens acht Wochen Zeit. Der Wegprozess kann jedoch auch länger dauern. Entscheidend ist nicht das Tempo, sondern der Tiefgang des Weges. In diesem Fall empfehlen wir[1], jeweils nach einem Kapitel das Gelesene mit Hilfe des Teilnehmerheftes[2] in einer «Stillen Zeit» zu verinnerlichen. Dazu werden wir Sie jeweils mit der Einleitung «Liebe Leserin, lieber Leser» auffordern.

– *Als Grundlage für einen Glaubenskurs.* Sie finden hier, ein wenig ergänzt, die Referate des Glaubenskurses. Mit diesem Buch sind Sie über den Inhalt des Glaubenskurses, den Sie noch frei ändern können, informiert. Für die Durchführung des Glaubenskurses «Vater unser» in einer grösseren Gruppe oder in einer Pfarrei wurden die Referentenunterlagen mit CD und DVDs ausgearbeitet. Damit können Sie das Seminar auch in einer Kleingruppe durchführen. Zur Vertiefung zwischen den Treffen empfehlen wir ebenfalls, das Teilnehmerheft zu benutzen.

Wie immer Sie auch mit dieser Schrift umgehen, wir wünschen Ihnen viel Freude und die Erfahrung der wohltuenden Nähe des himmlisch-liebenden Vaters.

Leo Tanner und Urban Camenzind

---

1 Wenn später im Text die Ich-Form vorkommt, ist Leo Tanner gemeint.

2 «Vater unser. Teilnehmerheft mit Gebetsimpulsen», WeG Verlag

Einführung

Zwei Evangelisten – Matthäus und Lukas – berichten uns davon, dass Jesus Seine Jünger ein eigenes Gebet gelehrt hat. Die zwei Fassungen des Gebetes weisen Unterschiede auf. Sie sind auch unterschiedlich im Evangelium platziert.

Matthäus situiert das Vaterunser in der Bergpredigt und darin in jeder Beziehung in der Mitte. Es steht mitten in der Bergpredigt und mitten im Kapitel sechs. Es liegt in der Mitte der Anweisung Jesu zu religiöser Praxis *(Mt 6,1–8)*. Noch dazu steht es in der Mitte über die Anweisung zum richtigen Beten. Matthäus will damit sagen, dass das Vaterunser der innerste Kern der Bergpredigt sei.

Anders ist der Zusammenhang bei Lukas. Die Jünger bitten Jesus, sie beten zu lehren. Dabei berufen sie sich auf Johannes den Täufer, der seine Jünger ein eigenes Gebet gelehrt hat. Diese Praxis ist auch von anderen jüdischen Rabbis bekannt. Das spezielle Gebet sollte der Gemeinschaft eine eigene Identität, eine Kurzfassung des Lebens und die Einheit mit dem Meister vermitteln: *«Jesus betete einmal an einem Ort; und als er das Gebet beendet hatte, sagte einer seiner Jünger zu ihm: Herr, lehre uns beten, wie schon Johannes seine Jünger beten gelehrt hat. Da sagte er zu ihnen: Wenn ihr betet, so sprecht: Vater …» (Lk 11,1–2).*

Zur heutigen Fassung

Schon bald gab es in der Urkirche eine einheitliche Version des Vaterunsers, das auch «Herrengebet» genannt wird, weil Jesus, der Herr, es gelehrt hat. Die sogenannte Apostellehre, «Didaché», Ende des ersten Jahrhunderts, weist eine einheitliche Fassung mit dem Zusatz «Denn dein ist das Reich und die Kraft und die Herrlichkeit in Ewigkeit. Amen» auf. Damit war von Anfang an das Vaterunser das Leitgebet aller Christinnen und Christen, das die weltweite Gemeinschaft des Volkes Gottes verbindet.

Im Anschluss an das 2. Vat. Konzil haben wir uns im deutschen Sprachraum auf eine gemeinsame ökumenische Fassung geeinigt. Der einzige Unterschied besteht in der Anrede. Er kommt daher, dass die in der katholischen Kirche verwendete Version des Herrengebetes auf dem Lateinischen beruht. Dort ist aus «pater noster»

«Vater unser» geworden. «Vater unser» oder «unser Vater» – beides entspricht nicht einer deutschen Gebetsweise. Ein Kind sagt zu seinem Vater einfach «Vater» und nicht «unser Vater» oder «Vater unser.»

Die Theologie

Das Revolutionäre des Vaterunsers besteht in der Gottesbeziehung, in die uns dieses Gebet einführen will. Jesus will uns Anteil geben an Seiner Abba-Vater-Beziehung. Darin besteht das revolutionierend Neue und Unerhörte.

Der Theologieprofessor Eugen Biser sagte in einem Vortrag zum Thema: «Kennen wir den Gott Jesu Christi?» Folgendes: «Was das Gottesverhältnis anbelangt, so schwindet daraus keineswegs der Ernst und die Ehrfurcht, wohl aber jede Spur von knechtischer Furcht, weil ein liebender Vater nicht schwerer gekränkt werden kann, als durch ein von Angst vor ihm diktiertes Verhalten der Kinder. Mehr noch: Die Entdeckung des liebenden Vaters bricht den Bann, den die schrecklichste aller Ängste, die Gottesangst, über das Menschenherz legte.

Unter der Sonne dieser Liebe blüht das Menschenherz auf ungeahnte Weise auf. An das Herz dieses Gottes gezogen, gewinnt der Mensch seine volle Identität, die der Erste Johannesbrief mit dem enthusiastischen Satz anspricht: *‚Seht doch, welch grosse Liebe der Vater zu uns hegt: dass wir Kinder Gottes nicht nur heissen, sondern sind‘ (1 Joh 3,1).*»[3]

Das Vaterunser will uns ans Herz Gottes ziehen. Darum braucht es zum richtigen Beten mehr als das Auswendig-Sprechen der Gebetsworte. Das Gebet ist vielmehr eine Einführung ins Leben als Kinder Gottes. Wir können sagen, dass Jesus uns in diesem Gebet an der Hand nimmt, um uns in unsere Berufung als Töchter und Söhne Gottes einzuführen.

Aus diesem Grund gab es in der Urkirche zuerst eine Einführung in dieses Gebet. Anschliessend wurde es den Taufkandidatinnen und -kandidaten feierlich in einem Gottesdienst überreicht. Noch heute wird das Vaterunser Erwachsenen, die sich auf die Taufe vorbereiten, einige Zeit vor ihrer Taufe feierlich überreicht. Dieser Vaterunserweg will uns heute eine geistliche Einführung ins Leben als Kinder Gottes ermöglichen.

---

[3] Zitat nach «Karmelimpuls» 1/2004, S. 15.

Das Vaterunser so beten, damit das Gebet unser Leben verwandeln kann!

1. Abba – ein Du sprengt unseren Horizont
Vater unser im Himmel

Jesus wollte die Jünger mit dem Vaterunser-Gebet nicht nur ein neues, schönes Gebet lehren. Vielmehr wollte Er sie zur Quelle Seiner Freiheit und Seines Glücks führen. Er wollte sie erfahren lassen, dass da ein Gott ist, der unseren oft engen Horizont sprengt. Ein Gott, der uns viel mehr an Freude und Leben ermöglicht.

Im Vaterunser geht es in erster Linie um das, was Gott für uns tun und wie Er unser Leben wandeln möchte. In diesem Gebet liegt eine grosse, wandelnde Kraft, wenn wir Gott *als Vater* in unserem Leben wirken lassen. Von Bruder Klaus, dem Landesheiligen der Schweiz, wird Folgendes berichtet: Als er zu Fuss zum Kloster Einsiedeln pilgerte, hat er in vier Tagen ein einziges Vaterunser gebetet. Ein solch intensiv gebetetes Vaterunser verändert das Leben.

Eine Erfahrung mit Folgen

Dieses Gebet hat nicht nur das Leben von Bruder Klaus verändert. Es – oder besser gesagt das DU, welches wir in diesem Gebet ansprechen, – will auch heute unser Leben verändern. Wie?

Eine fast unglaubliche Veränderung, deren Zeuge Pfarrer Franz Schobesberger war, zeigt die Richtung an. Er erzählt:

Im Kolpinghaus Schärding hatten wir in den Ferien immer Kinder, die in einem Heim im Rheinland aufwuchsen, zur Erholung. Einmal ergab es sich, dass mich einige Mädchen – sie waren alle zwischen fünfzehn und neunzehn Jahre alt – vor dem Haus trafen und mich fragten: «Herr Pfarrer, was machen Sie jetzt?» «Ich werde jetzt mein Brevier beten», antwortete ich. Überraschend kam die Frage: «Dürfen wir mal mit Ihnen beten?»

Natürlich wusste ich, dass sie nicht aufs Beten scharf waren, sondern einfach ihrem Schwarm freien Lauf lassen und meine Nähe geniessen wollten, aber die Chance durfte ich nicht versäumen. «Gut, wenn ihr das wollt, dann meldet euch!» Am nächsten Tag regnete es, und nach der Mittagsruhe läuteten sie, standen grinsend vor der Tür und sagten: «Wir sind da!»

Ich liess alles liegen und stehen und ging mit ihnen in einen abgelegenen Raum, wo wir ungestört waren. Dann fragte ich: «Nun, was beten wir?» Ihre Reaktion war Verlegenheit, Schulterzucken und Kichern. Was nun weiter?

Durch die sie begleitende Schwester kannte ich einiges aus den Lebensgeschichten der Mädchen:

- der Vater Zuhälter, die Mutter Dirne, und das Kind nach der Geburt ins Heim gesteckt;
- der Vater im Zuchthaus, weil er die Mutter umbringen wollte, die Mutter unfähig, eine Reihe von Kindern zu versorgen, also kamen die Kinder ins Heim;
- der Vater unbekannt, die Mutter Alkoholikerin;
- die Eltern geschieden, Vater und Mutter wollten von der Tochter nichts mehr wissen, ...

Durchwegs ein Elend nach dem anderen. Wie, was und zu wem soll man mit diesen zutiefst verletzten, gepeinigten, abgeschobenen und doch so sehnsüchtig nach Liebe und Angenommensein suchenden Jugendlichen beten? Wie soll man mit Menschen, die niemals einen guten Vater oder eine gute Mutter erlebt hatten, «Vater unser» beten? All dies in meinem Kopf, sagte ich: «Fangen wir anders an: Habt ihr eine Frage?»

Sie mussten (in einem von Schwestern geführten Heim) jeden Sonntag die Messe besuchen, erlebten dies in ihrem Alter als Druck und Freiheitsberaubung und fragten dementsprechend sofort: «Warum muss man am Sonntag unbedingt in die Kirche gehen?»

Ich liess die Frage im Raum stehen, sah sie der Reihe nach an und fragte in die Spannung hinein mit Herzklopfen, weil ich mir der Brisanz meines Unternehmens bewusst war, ganz langsam und betont: «Warum musst du zu deinem Vater gehen?» Augenblicklich fiel der ‚eiserne Vorhang', sie sackten regelrecht in sich zusammen, die Augen verschleierten sich, der Blick wurde abweisend und starr, manche verkrampften die Hände. Niemand antwortete, es war, als hätte ich ein Todesurteil ausgesprochen.

Behutsam legte ich ihnen dar, warum ich diese Frage gestellt hatte, dass ich um ihr Leid und ihre Sehnsucht Bescheid wüsste. Dann bat ich sie, mir doch all das zu schildern, was sie sich immer gewünscht hätten: einen Vater zu haben, einen richtigen Vater! Erst zögernd, dann immer sprudelnder kam nun alles heraus, wonach sie sich so sehr sehnten und wie sie sich ihren Vater vorgestellt hätten.

Lange sprachen wir über den Vater, sein Sein und Tun, über alles, was so ein Vater ermöglichen könnte, wie gut ihnen so ein Vater täte, was da zu wachsen und zu blühen begänne, usw. Die Mädchen waren im Lauf des Gesprächs richtig aufgeblüht, sie waren aufgewühlt und sprühten vor Lebendigkeit, dennoch war die dahinter liegende Traurigkeit nicht zu übersehen.

Schliesslich fasste ich zusammen, was wir entdeckt hatten und sagte dann: «Es gibt tatsächlich einen Vater, in dem sich nichts Böses findet, der nur Liebe ist, Erbarmen und Gutsein. Er ist ganz anders als der Traumvater, dessen Bild wir entworfen haben. Er übertrifft ihn unendlich. Dieser Vater wartet darauf, dass wir Ihm Vertrauen schenken. Jesus hat uns von Ihm viel erzählt und hat uns ermutigt, zu Ihm Abba-Papa zu sagen. Wollen wir nun zu Ihm beten?»

Wir reichten uns die Hände und ich begann langsam und leise: «Vater unser ...»

Es wurde nichts mit üblichem Beten, denn alle brachen in Tränen aus. Es wurde eine ganz tiefe und erschütternde Begegnung mit dem guten Gott, mit Jesus und unserem Abba, der väterlich-mütterlich uns alle an sich zog, um zu heilen, was verwundet ist. Es wurde irgendwie Liebe eingegossen in die verängstigten und vertrockneten Herzen. Es wurden viele der abgebrochenen oder nie vorhandenen Beziehungen zu den leiblichen Vätern und Müttern geheilt und neu begonnen.

So telefonierte am anderen Tag ein Mädchen stundenlang ihrem Vater ins Gefängnis. Andere schrieben ihren Müttern und Vätern. Da hat Gott diese so verletzten Kinder in wunderbarer Weise erfahren lassen, dass Er ihr mütterlicher Vater ist.

Die Erfahrung der Mädchen in Schärding lässt drei Wirkungen erkennen:

1. Unsere Lebenserfahrungen prägen unser Gottesbild

Franz Schobesberger sagte dazu: «Gott musste zuerst entgiftet werden von all dem, was verblendete und verdorbene Väter an ihren Kindern verbrochen hatten und was diese unbewusst auf Ihn übertrugen in einer furchtbaren Enttäuschung, dass er ihnen Zuhälter und Gewalttäter, Betrüger und Sadisten als Väter zugemutet hatte.»

Mit anderen Worten: Enttäuschungen, Erfahrungen von Mangel und Zu-kurz-gekommen-Sein übertragen kleine Kinder meist unbewusst auf Gott und «vergiften» so Gott oder – besser gesagt – die Beziehung zu Gott in sich. Wenn ein Kind z. B. von Vater oder Mutter durch Tod, Scheidung oder anderes verlassen wird, «erlebt» ein Kind Gott als böse, der Ihm Vater oder Mutter genommen hat.

Die Folge davon ist, dass in den tiefsten, oft unbewussten Schichten des Herzens Rebellion, Zorn und Misstrauen heranwachsen. Das Kind geht innerlich auf Distanz. Bereiche des Herzens verschliessen sich. Eine unsichtbare Mauer entsteht. Das zeigt: Die Beziehung zu unseren Vätern und Müttern – dazu gehören auch alle Autoritätspersonen in unserer Lebensgeschichte – beeinflusst die Beziehung zu Gott. Da bedarf es der Heilung und Aufarbeitung.

2. Erfahrungen mit dem guten Gott Jesu heilen unsere Beziehungen

Die Erfahrung des guten Gottes Jesu berührte die Mädchen im Innersten. Verhärtetes brach auf. Eine heilende Dynamik kam in ihr Leben. Liebe wurde in ihre Herzen eingegossen. Diese Liebe befähigte sie, ihr Leben anzunehmen und ihre Eltern besser zu verstehen. Diese Liebe führte sie auf einen Weg der Versöhnung mit den Eltern. Das wiederum wirkte sich heilend und belebend aus. Neue Kraft und Lebensfreude kamen in die Mädchen.

Noch ein Weiteres leuchtet in dieser Erfahrung auf:

3. Die Sehnsucht nach der Heimat in Gott

Jeder Mensch trägt in sich eine tiefe Sehnsucht nach jenem Gott, den Jesus den himmlischen Vater nannte. Zuinnerst sehnen wir uns alle nach beständiger Geborgenheit, nach Verlässlichkeit, nach bedingungsloser Annahme und totalem Verstandensein von einem grösseren Du. Augustinus drückte diese Ursehnsucht des Menschen so aus: «Unruhig ist unser Herz, bis es ruht in dir, o Gott.»

Diese Sehnsucht unseres Herzens ist nicht immer offenkundig. Manchmal muss sie erst freigelegt werden, weil zu viele Enttäuschungen, zu viel Zerbrochenes, zu viele Widerstände und Ängste oder auch zu viel oberflächliches Leben wie Schutt und Geröll diese Sehnsucht überdecken.

Wer sich auf den Gott des Vaterunsers einlässt, wird mit seinen eigenen Beziehungen konfrontiert. Er wird Heilung in seinen Beziehungen erfahren. Anders gesagt: Er wird glücklicher.

«Vater unser im Himmel»

Niemand hat die Menschheit so bewegt wie Jesus von Nazaret. Wie die Menschen auch zu Ihm stehen, der Faszination Seines Lebens kann sich niemand entziehen, der sich ernsthaft mit Ihm beschäftigt. Denn die Menschen um Ihn herum erlebten einen Menschen, der eine grosse Freiheit und Selbstsicherheit ausstrahlte; einen Menschen, der nicht hin- und hergerissen war, sondern der klar wusste, was Er wollte; einen Menschen, der sich nicht an den Erwartungen der anderen orientierte, sondern von innen her lebte.

Sie sahen einen Menschen, der frei war, in allen Situationen die Wahrheit zu sagen, frei, über Vorurteile, Leben verhindernde Barrieren und Gebote hinwegzugehen. Sie begegneten einem Menschen, der frei war zu lieben und allen mit grosser Barmherzigkeit zu begegnen. Jesus strahlte Klarheit, Mut, Selbstsicherheit, Ruhe und Liebe aus. Er war frei, Konflikten und Spannungen nicht auszuweichen, sondern sie durchzutragen.

Die Jünger, die damals mit Jesus zusammen waren, spürten das Besondere an Ihm. Das zog sie an. Die Liebe und das Glück, welche aus Seinen Augen strahlten, faszinierten sie. Das tat ihnen wohl. Dann gab es Momente, da strahlte in besonderer Weise das Glück, das Er tief in sich hatte, ganz durch Ihn hindurch. Das waren die Momente, in denen Jesus aus dem Gebet kam.

Als Jesus wieder einmal so strahlend vom Gebet kam, sagte einer Seiner Jünger zu Ihm: *«Herr, lehre uns beten, wie schon Johannes seine Jünger beten gelehrt hat.»* Da sagte Er zu ihnen: *«Wenn ihr betet, so sprecht: Vater, ...» (Lk 11,1–2).* Dann lehrte Er sie das «Vaterunser»-Gebet. Damit wollte Er ihnen Anteil an Seiner Sohnesbeziehung zum Vater geben. Er wollte ihnen einen Zugang zur Quelle Seiner Freiheit und Seines Glückes eröffnen.

Abba-Vater

Das erste Wort im Vaterunser heisst «Vater». Im Ersten[4] (Alten) Testament wird Gott elf Mal «Vater» genannt. Für Vater steht im Hebräischen das Wort Abbinu, das einen sehr feierlichen und zugleich ehrfürchtig-distanzierten Klang hat. Im Neuen Testament än-

---

[4] Erstes (Altes) Testament: Um auszudrücken, dass «Altes Testament» nicht mit veraltet oder überholt verwechselt wird, wird heute auch oft vom «Ersten Testament» gesprochen. Da der Begriff «Altes Testament» im Volk sehr vertraut ist, haben wir uns für diese Schreibweise entschieden.

dert sich dies. Ca. hundertsiebzig Mal wird Gott «Vater» genannt. Wenn Jesus Gott direkt anspricht, nennt Er Ihn mit wenigen Ausnahmen immer «Abba».

«Abba» ist die familiäre, vertrauliche und zärtliche Koseform eines Kleinkindes. «Abba» ist der herzensgute Vater, der alle mit der Zärtlichkeit einer Mutter liebt.

Das weist darauf hin, dass Gott für uns Vater und Mutter ist. Wenn jemand nun auf Erden mit «Vater», oder wir können analog auch sagen mit «Mutter», angesprochen wird, dann deshalb, weil ein solcher Mensch etwas von der väterlichen Art Gottes ausstrahlt. *«Daher beuge ich meine Knie vor dem Vater, nach dessen Namen* ***jede Vaterschaft*** *im Himmel und auf Erden benannt wird» (Eph 3,14–15)* (ursprüngliche Übersetzung). Menschen, die etwas von der Vaterschaft Gottes ausstrahlen, werden deshalb «Vater» genannt, auch wenn sie selbst kinderlos waren, wie z. B.: Vater Benedikt, Vater Franziskus, Vater Johannes, Beichtvater, ... Analog dazu reden wir auch von «Mutter» wie z. B. von Mutter Teresa.

Der gewaltig grosse Schöpfer

Dieser herzensgute Vater war für Jesus als Jude zuerst der Schöpfer und Erhalter des ganzen Universums. *«Ich preise dich, Vater, Herr des Himmels und der Erde» (Mt 11,25a).* Die Schöpfung ist als Werk Gottes wie ein Fenster, durch das wir etwas von Gottes Grösse, Herrlichkeit und Weisheit schauen und erahnen können.

Wer unseren Planeten etwas bereist, kann erleben, wie gross, faszinierend und geheimnisvoll nur schon unsere Erde ist. Ohne das Negative, das es in der Schöpfung auch gibt, auszublenden, können wir sagen: «Gott, wir staunen über Dich und die wunderbare Schöpfung.»

Das geht uns besonders auch dann auf, wenn wir das Weltall und nachts den Sternenhimmel betrachten. Unsere Erde gehört mit acht anderen Planeten zu unserem Sonnensystem. Unser Sonnensystem gehört zur Milchstrasse. Der nächste Stern ausserhalb unseres Sonnensystems in dieser Milchstrasse (Galaxie) ist mehr als vier Lichtjahre von der Erde entfernt. Das heisst, wenn wir mit Lichtgeschwindigkeit, das sind fast 300'000 km pro Sekunde (mehr als 7-mal rund um die Erde in einer Sekunde), von der Erde starten würden, wären wir in einer guten Sekunde beim Mond, aber erst nach vier Jahren beim nächsten Stern unserer Galaxie.

Das Universum – ein Zeichen von Gottes Grösse und Weisheit.

Vier Jahre mit Lichtgeschwindigkeit durch das All, das können wir uns noch halbwegs vorstellen. Noch um einiges schwieriger wird es für unseren Verstand aber beim Gedanken, die ganze Länge unserer Milchstrasse zu bereisen. Vorausgesetzt, wir könnten mit Lichtgeschwindigkeit reisen, bräuchten wir für dieses Unternehmen nicht zehn Jahre, auch nicht fünfzig, auch nicht hundert, sondern hunderttausend Jahre.

Da bleibt uns nur noch eines, das Staunen: «Gott, wie wunderbar und geheimnisvoll ist die Ordnung Deiner Schöpfung. Ihr Leben und ihre Vielfalt widerspiegeln Deine Weisheit und Schönheit. Die unfassbare Ausdehnung des Universums ist ein Abglanz von Deiner Grösse und Herrlichkeit. Im Gebet dürfen wir uns an Dich, den unvorstellbar grossen, machtvollen und weisen Gott wenden. Welch eine Ehre!»

«Im Himmel»

Ein Gehirnchirurg und ein Astronaut reden miteinander. Da sagt der Astronaut: «Ich glaube nicht an Gott! Ich war jetzt schon x-Mal im Weltall und habe Ihn nie gesehen!» Da sagt der Gehirnchirurg: «Na und? Ich habe auch schon x Gehirne operiert und habe noch nie einen Gedanken gesehen.» Wenn Gott für unsere Augen sichtbar wäre, wäre Er ja an unsere materielle Welt gebunden. Doch dieser Vater ist im Himmel.

«Im Himmel» ist keine Ortsbeschreibung, die ausdrückt: «Weit weg von uns». «Im Himmel» meint, dass dieser gewaltig grosse Abba-Gott in geistlicher, unsichtbarer Weise allgegenwärtig ist, in der ganzen Schöpfung und bei allen Menschen. «Himmel» bedeutet, dass Er «aus dem Himmel heraus», das heisst aus Seiner göttlichen Macht und Herrlichkeit heraus für uns da ist.

Voll Barmherzigkeit

Eltern, die ihre Kinder lieben, möchten diese froh und glücklich sehen. Sie sorgen sich um deren leibliches und seelisches Wohlergehen. Sie tun alles, damit sich ihre Kinder zu Persönlichkeiten entfalten können. Sie schaffen für ihre Kinder ein Daheim, ein Umfeld, in dem sich diese angenommen, geborgen, geliebt wissen. Sie leben mit ihren Kindern mit, ja ihr Glück besteht zum grossen Teil im Glück und im Wohlergehen ihrer Kinder. Diese sind ein Teil ihres Herzens.

Um unendlich viel mehr gilt dies für unseren himmlischen Vater. Er segnet uns, Seine geliebten Kinder. Er beschenkt uns in überreichem Mass mit Seinen guten Gaben. Er möchte uns Heimat geben in Seiner Schöpfung und vor allem in Seinem Herzen.

Das zeigt das Wort «Barmherzigkeit». Im biblischen Ausdruck «Barmherzigkeit» ist in der deutschen Sprache dieses Herz verborgen. Die hebräische Sprache kennt für die Barmherzigkeit Gottes zwei Ausdrücke, zwei verschiedene Wörter.

«Rahamin» leitet sich von «rehen» ab, was Gebärmutter bedeutet. In der Gebärmutter wird das Leben ganz zärtlich geschützt und genährt. Wie der Mutterschoss ein kleines Kind umfängt, so umgibt uns der «Abba» und nimmt uns in sich auf. Barmherzigkeit heisst: Gott kommt in unser Herz und in unser Leid, nicht um uns zu kritisieren, sondern um uns zu zeigen: Ich bin mit dir. Ich fühle mit dir. Ich verstehe dich.

Abba, lieber Vater

Das zweite hebräische Wort für Barmherzigkeit «Chesed» bedeutet Treue, eine unverrückbare Treue zu Seinem Versprechen oder zu Seiner väterlichen Liebe. Gott bleibt sich selbst immer treu. Das heisst: Wir können tun und lassen, was wir wollen: Seine Liebe zu uns ist unerschütterlich. Sie ist fest und unzerstörbar. Eine andere Frage ist jedoch, ob wir uns Seiner Liebe öffnen, indem wir Ihn für uns Vater sein lassen.

Ein Vater, der ins Leben führt

Dieser Abba-Gott freut sich an uns. Er freut sich, wenn wir etwas entdecken, lernen und uns weiterentwickeln. Er freut sich, wenn wir wachsen und selbstständig werden. Er freut sich, wenn wir mehr und mehr Verantwortung übernehmen. Er freut sich, wenn wir zu aufrechten Menschen werden, die das Leben bejahen mit seinen Licht- und Schattenseiten und die durch ihre Verankerung im Glauben Freude, Vertrauen und Zuversicht ausstrahlen.

Dieser Abba-Gott geht mit uns durch alle Höhen und Tiefen. Er begleitet uns in Zeiten des Misserfolgs wie auch des Erfolgs. Er glaubt an uns und ermutigt uns, niemals aufzugeben, stets weiterzugehen. Im Geiste spricht Er zu uns: «Geh weiter! Vertrau! Es wird gut kommen. Ich bin mit dir!»

Erziehung zur Reife

Ein guter Vater weiss, wenn ich dieses oder jenes bei meinem Kind durchgehen lasse, dann wird es nicht lebenstüchtig. Darum erzieht uns unser Abba-Vater mit grosser Zartheit, Liebe und Konsequenz. Denn Er will, dass wir erwachsene, lebenstüchtige Töchter und Söhne werden.

Gerade in dieser Erziehung zeigt Er, dass es Ihm nicht gleichgültig ist, wie wir herauskommen. Darum wird Er das, was uns schadet, nicht durchgehen lassen. Das kann weh tun. Denn oft sind wir wie eigensinnige, trotzköpfige Kinder, die nur das im Moment Angenehme und Bequeme im Blick haben.

Dieser «strengen» Liebe des Vaters dürfen wir uns restlos anvertrauen. Denn Er liebt uns in all unseren Schwächen, nimmt uns an und verurteilt uns nie, und zugleich schliesst Er keinen Pakt mit dem Bösen, Feigen, Zwiespältigen und Oberflächlichen in uns. Er ist kein sogenannter guter Kollege, der das Böse verniedlicht und vertuscht.

Der Abba-Vater ist der Heilige und ganz Reine, der uns zur Ganzheit und Reinheit führen möchte. Denn wir sind erst dann ganz glücklich, wenn wir ganz rein und gut sind. Deshalb nimmt Er uns in unserer Verantwortung radikal ernst. So nimmt Er nicht die negativen Folgen unserer Fehlentscheidungen von uns. Er lässt sie uns vielmehr spüren, damit wir aus unseren Fehlern lernen und uns entschieden vom Bösen abwenden. Sein Wunsch ist es, aus uns das Bestmögliche zu machen, die glücklichsten und heilsten Töchter und Söhne.

Das «Unser»

Das Wort «Unser» bezieht sich einerseits auf alle Menschen als Geschöpfe Gottes, unabhängig davon, welcher Weltanschauung und Religion die Menschen anhangen, denn wir als Christen glauben, dass Gott der Schöpfer und Ursprung aller Menschen ist. Durch diesen Schöpfer-Gott gehören alle Menschen zu *einer* grossen *Menschheitsfamilie*. Alle Menschen auf dieser Erde, wo auch immer sie leben, in Asien, Afrika, Europa, Amerika, Ozeanien ... sind Seine Kinder und bilden eine grosse Familie.

In einem zweiten Sinne drückt das «Unser» etwas über die Zugehörigkeit der Christen zueinander aus. In der frühen Kirche wurde dieses Gebet geheim gehalten. Es wurde nur jenen anvertraut, die ein Katechumenat durchlaufen und sich entschieden hatten, wie Jesus Gott als Ihrem himmlischen Abba-Vater zu vertrauen, sich Seiner Liebe und Sorge zu öffnen und Ihm die Ehre zu geben. Das Vaterunser wurde das *Familiengebet des Volkes Gottes.*

Darauf weist auch sein Platz in der Eucharistiefeier hin. Bevor wir gemeinsam zum Tisch des Herrn treten, erinnern wir uns: *«Wir haben den Geist empfangen, der uns zu Kindern Gottes macht, darum wagen wir zu sprechen: Vater unser...»*. Der Geist Gottes schenkt uns jene Kühnheit, in der wir es wagen dürfen, Gott mit «Vater» anzureden.

Zusammenschau

Der Vater unseres Herrn Jesus Christus ist nicht eine unpersönliche göttliche Energie im Universum. Er ist ein Gegenüber; ein göttliches DU, ein Antlitz, das uns anschaut; ein Herz, das für uns schlägt; eine Stimme, die uns beim Namen ruft.

Trotz aller Nähe sprengt dieser Gott all unser menschliches Vorstellungs- und Denkvermögen. Er ist immer der noch Grössere und bleibt trotz Seiner Offenbarung ein unaussprechliches Geheimnis, wie Augustinus sagt: «Obwohl Gott sich offenbart, bleibt Er doch ein unaussprechliches Geheimnis: Verstündest du ihn, es wäre nicht mehr Gott!»

Jesus hat das Bild vom Abba-Vater gewählt und uns so zu beten gelehrt, weil das Bild vom Abba-Vater in tiefster Weise zum Ausdruck bringt, wie der gewaltig grosse und unfassbare Gott ist: Himmlisch liebend, himmlisch sorgend, himmlisch wirkend, ...

Unsere Antwort

In einer Gruppe von Ehepaaren sagte eine Frau: «Schaut mein Mann mich an, bin ich um so viel grösser und reicher, als wenn ich mich selbst anschaue. Es ist, als ob alle Fähigkeiten geweckt würden, die in mir schlummern.» Und der Mann fügte hinzu: «Wenn ich den liebevollen Blick meiner Frau auf mir ruhen fühle, spüre ich, dass ich innerlich wachse. Dieses Gefühl habe ich nicht, wenn ich mich selbst im Spiegel betrachte.»

Diese Erfahrung vermittelt uns etwas von dem, was geschieht, wenn wir uns dem liebevollen Blick des himmlischen Vaters öffnen. In uns wächst Neues heran.

1. Uns einlassen – Gott als Vater annehmen

In einem Vaterunser-Text heisst es: «Sag nie *Vater,* wenn du dich nicht wie ein Sohn, eine Tochter benimmst», das zeigt: Das Vaterunser ruft uns in eine Tochterbeziehung, in eine Sohnesbeziehung zu Gott. Wenn wir uns auf *Ihn* einlassen, dann werden wir erfahren, dass Er der absolut beste, eben der himmlisch-liebende Vater ist. Dies wird uns mit Freude und Stolz erfüllen.

Wir kennen diesen Stolz auf ihren Papa und ihre Mama bei Kindern, die prahlen: «Mein Papa ist der beste und stärkste! Er hat mich auf einen grossen Berg hinaufgetragen.» «Alle brauchen meinen Papa. Er muss oft weit weg, weil nur er allein die Maschinen reparieren kann.» «Meine Mama kann die besten Sachen kochen, darum hat mein Papa so einen grossen Bauch.»

Glückliche Kinder sind stolz auf ihre Eltern. Sie freuen sich, ausgerechnet Kinder dieser Eltern zu sein. Diese Freude darf auch bei uns wachsen, denn es ist ein unglaubliches Geschenk, dass Gott uns Vater sein will.

2. Unsere Würde annehmen

Papst Leo I. hat in einer Predigt gesagt: «Christ, erkenne deine Würde! Du bist der göttlichen Natur teilhaftig geworden, kehre nicht zur alten Erbärmlichkeit zurück und lebe nicht unter deiner Würde!» Als Töchter und Söhne Gottes tragen wir eine «göttliche» Würde in uns. Gleichgültig, wie Ihr Leben jetzt aussieht, Sie sind ein wertvoller Mensch, weil Sie Tochter/Sohn Gottes sind.

«Lebe nicht unter deiner Würde!» heisst: Lassen wir keinen Gedanken Raum, die diese Würde missachten und verletzen. Lassen wir uns nicht von anderen, die schnell abwertende Worte bereit haben, sagen, wer wir sind! Hören wir auf, negativen Urteilen und Meinungen über uns Aufmerksamkeit und Glauben zu schenken. Nur unser himmlischer Vater, unser Schöpfer, weiss allein, wer wir sind: Unendlich wertvoll und geliebt.

Unsere Würde annehmen bedeutet, in ein neues Selbstverständnis hineinzuwachsen: In die Identität als geliebte Kinder Gottes, die voll Freude Seine Liebe, Seine Herrlichkeit, Sein Wirken in dieser Welt offenbaren möchten. Denn wer sich auf den himmlischen Vater einlässt, wird Schritt für Schritt in einen neuen Lebensstil hineinfinden, ins Leben im Reich Gottes. Er schmeckt etwas von der Freiheit, Freude und Herrlichkeit des Lebens der Kinder Gottes.

Liebe Leserin, lieber Leser

Welche Gedanken und Bilder sprechen Sie an? Es lohnt sich, dort zu verweilen. Nun entscheidet es sich, ob Sie diese Schrift als persönliche Bereicherung oder als Impulstext für ein persönliches Wegprogramm nutzen möchten. Wenn das Zweite der Fall ist, lade ich Sie ein, zum Teilnehmerheft zu greifen und sich in die Tagestexte der ersten Woche zu vertiefen. Das gibt Ihnen die Möglichkeit, das Gelesene zu verinnerlichen.

2. Friede – nichts für Träumer
Dein Reich komme

Das Erste beim Vaterunser ist das Aufschauen zum himmlischen Abba-Vater. Es ist ein Aufblick voller Erwartung, das Eintreten in eine traute Zweisamkeit, in eine Beziehung von «Herz zu Herz». Genau das lebte Jesus. In den Evangelien lesen wir, dass sich Jesus oft zurückzog, um Gemeinschaft mit Seinem Vater zu suchen. Er suchte die innere Einheit mit Gott, denn von da her kam eine Kraft, eine Bestätigung, ein Glück über Ihn. Da lebte Er auf.

Diese innere Verbundenheit schenkte Ihm die Gewissheit, dass der Vater Ihn liebte und Ihm vertraute: «Du wirst es gut machen. Ich vertraue dir. Ich stehe ganz hinter dir. Ich habe Freude an dir.» Dieses Vertrauen stärkte Ihn und gab Ihm Mut, Seine Sendung mit Freude, innerem Frieden, Gelassenheit und Kühnheit zu leben.

Die Erfahrung, dass der himmlische Vater ganz hinter Ihm stand und Ihn über alles liebte, liess die Freude an Seinem Vater beständig wachsen und grösser werden. Seiner Berufung folgend, den heiligen Abba-Vater, Sein Wesen, Seinen Namen zu offenbaren, betete Jesus: «Geheiligt werde dein Name».

«Geheiligt werde dein Name»

Der Name gibt einer Person Identität. Wenn wir den Namen kennen, ermöglicht uns das einen persönlichen Zugang zu dieser Person. So ist es ein besonderes Geschenk, wenn uns Gott Seinen Namen gibt. Während die Finsternis und die Welt in ihren dunklen Machenschaften die Namenlosigkeit liebt, steht Gott mit Seinem Namen zu dem, was Er tut. Er liebt das Licht, die Klarheit und Offenheit und verabscheut alle Vernebelung und Verdunkelung. Die Bekanntgabe Seines Namens, mit dem wir Ihn anrufen dürfen, ist darum ein Beweis Seiner Liebe zu uns.

Wenn Gott uns Seinen Namen offenbart, zeigt Er, dass Er mit uns in Beziehung leben möchte. Bereits im Alten Testament hat Gott Mose Seinen Namen mit «Jahwe», *«Ich bin der ‹Ich bin da›»* geoffenbart *(vgl. Ex 3,14)*. Bereits damals war der Name Gottes mehr als eine Etikette und ein Erkennungszeichen. Name bedeutet Sein und

Wesen. Dies hat nun im Wort «Vater», «himmlischer Vater» eine Vertiefung erhalten. Gott ist Vater und wirkt in himmlischer Weise als Vater.

Versöhnung mit dem Vater?!

Wenn wir das Wort «Vater» hören, können bei vielen Gefühle und Gedanken aufsteigen, die sie an ihren irdischen Vater erinnern. Was dann hochkommen kann, ist oft das Gegenteil vom himmlischen Vater. Da war vielleicht ein tyrannischer, autoritärer Vater. Da war vielleicht der vielbeschäftigte, der gleichgültige, der immer nachgiebige Vater oder der entschlussschwache und standpunktlose Vater. Da war vielleicht der Wochenend-Vater, auf den man sich nicht verlassen konnte.

«Wenn Gott wie mein Vater ist, nein danke…», so entsetzte sich einmal ein Teenager. Vielen fehlte einer, der sie bestätigt hätte, der sich für sie interessiert hätte und der zu ihnen gestanden wäre. Einer der gesagt hätte: Ich bin stolz auf dich, mein Sohn! Ich bin stolz auf dich meine Tochter! Ich freue mich über dich! Du wirst es gut machen!

Genau diese Bestätigung vom himmlischen Vater machte Jesus glücklich, stark, mutig und frei! Jesus möchte, dass auch wir den himmlischen Vater so aufbauend und stärkend erfahren. Dazu kann es wichtig sein, die Beziehung mit unseren Eltern, insbesondere jene mit dem irdischen Vater anzuschauen und uns mit ihnen/ihm zu versöhnen.

Ich selber spürte noch mit 42 Jahren, dass nicht alles heil war. Jugendliche sagten mir damals, dass von mir eine Art Druck und Erwartung ausgehe – etwas, was ich nicht wollte. Als ich dem nachgegangen bin, entdeckte ich, dass die Art und Weise, wie mein irdischer Vater Autorität in der Familie lebte, auf mich übergegangen war. Unbewusst hatte ich meinen Vater deswegen verurteilt. Und als Folge blieb ich an dieses Verhalten gebunden.

Da entschied ich mich, meinem schwerhörigen 83-jährigen Vater einen Brief zu schreiben. Ich wollte ihn und seine Situation besser verstehen können. Im darauf folgenden Gespräch bat ich ihn, mir von seinem Leben zu erzählen und besonders auch von seinen Erfahrungen mit mir. Dann erzählte ich von meinen Erfahrungen mit ihm und stellte die Fragen, die mir wichtig waren. Da habe ich ihm von Herzen vergeben.

Darauf bat ich Jesus, mich von meiner unheilen Art Autorität auszuüben zu erlösen und in mir mit Seiner Heil- und Segen bringenden Autorität zu wachsen. Das stärkte mich zusehends.

Die Heilung des Bildes Gottes in uns

Das Bild Gottes musste nicht nur bei den Mädchen in Schärding, es muss bei allen Menschen entgiftet werden. Niemand hatte ideale und heile Eltern und Autoritätspersonen. Niemand hatte ein ideales Umfeld. Niemand hat eine durch und durch heile Lebensgeschichte. Darum können unmerklich Gift, Misstrauen, Angst, Skepsis, verborgene Auflehnung, Bitterkeit und Enttäuschung in unsere Beziehung zu Gott hereingekommen sein. Wenn wir streng religiös erzogen wurden, ist eventuell ein moralischer Leistungsdruck hinzugekommen.

Auch bei mir war es so. Am Anfang war meine Beziehung zu Gott von der Angst geprägt. Als ich in der 6. Klasse war, wusste ich schon, dass ich Priester werden sollte. Damals hatte ich etwas falsch gemacht. Da kam Angst in mir hoch, ja sogar Angst vor der Hölle. Dabei tröstete ich mich, indem ich mir sagte: «Ja, schau Leo, du wirst ja später Pfarrer und dann wird schon alles wieder gut, dann wirst du ja schon in den Himmel kommen, auch wenn du jetzt im Moment ...» Ich hatte wirklich Angst. Aber ich glaube, dass die Angst auch einen positiven Sinn hat.

Die Angst ist wie eine Schranke, eine Leitplanke, die uns vor dem Absturz schützt, die uns hindert, in ein noch grösseres Verderben zu geraten. Bei mir war es so gewesen, dass die Angst mich zur Umkehr brachte. Sie hatte mich näher zu Gott geführt. Sie hatte mich zum Beten getrieben, und im Gebet hatte ich das Herz Gottes erleben dürfen.

Und da habe ich erfahren dürfen, dass die Angst vor Gott nur so lange Berechtigung im Herzen eines Menschen hat, bis der Mensch entschieden ernst macht mit Gott und sein Leben ganz Gottes Liebe anvertraut. Denn als ich erkannte, dass der himmlische Vater zu 100 Prozent Liebe ist und mehr an meinem Heil und Glück interessiert ist als ich selbst, da habe ich gesagt: «Mach mit meinem Leben, was Du willst. Das ist das Allerbeste für mich.» Ich erlebte nach diesem Schritt, wie sich die Angst mehr und mehr auflöste und Vertrauen, Gewissheit, Kraft und Freude in mein Herz kamen. So heilte und heiligte der Vater Seinen Namen in mir.

Den Geist Jesu empfangen

Noch etwas dient der Heilung des Gottesbildes. Paulus meinte lange, er könne vor Gott nur durch Leistungen und Fehlerlosigkeit bestehen. Er hatte Angst vor Ihm, bis ihm der wahre Gott, der Vater Jesu Christi begegnete.

Da kam Gottes Geist und damit Gottes Liebe in sein Herz. Das veränderte seine Sichtweise total *(vgl. Phil 3,7–9)*. Für ihn zählte von da an nur noch eines: Diese Liebe Gottes, die ihm in Jesus begegnete, im Herzen zu tragen und aus der neuen Würde als geliebter Sohn zu leben. So konnte er aus Erfahrung schreiben: *«Weil ihr aber Söhne (und Töchter) seid, sandte Gott den Geist seines Sohnes in unser Herz, den Geist, der ruft: Abba, Vater» (Gal 4,6).*

Der Geist Jesu offenbart uns unsere wahre Identität: im Sohn Jesus Christus *geliebte* Töchter und *geliebte* Söhne Gottes zu sein. Weiter bewirkt der Geist Jesu in uns eine so zärtliche Nähe und zugleich eine heilige Achtung, dass wir wie Jesus *«Abba, Vater»* sagen können. Die zärtliche und alles durchdringende Liebe unseres Abba-Vaters bewirkt in uns eine tiefe Herzensverbundenheit mit Ihm. Wir lieben und bewundern Ihn.

Heilig – einzig wichtig

Wir kennen den Ausdruck «sich einen Namen machen». Da sind wir selbst um unser «Image» besorgt. Das Wort «heiligen» heisst, um das gute Image des himmlisch-liebenden Vaters besorgt zu sein. Doch damit ist noch nicht alles gesagt. In unserem Sprachgebrauch reden wir von heiligen Orten, heiligen Gegenständen. «Heilig» meint hier: kostbar, unantastbar, vollkommen. Wenn uns etwas heilig ist, ist es äusserst wertvoll, einzig. Es darf auf keinen Fall in den Schmutz gezogen werden.

«Geheiligt werde dein Name» heisst dann: Der himmlisch-liebende Abba-Vater soll uns einzig wichtig sein. Mit Ihm sollen wir mit Respekt umgehen. Dazu gehört auch, Gott nicht für unsere eigenen Interessen gebrauchen zu wollen, so gut diese auch sein mögen. Das wäre eine Form von Magie, von Missbrauch des Namens Gottes, den die Bibel klar ablehnt: *«Du sollst den Namen des Herrn, deines Gottes, nicht missbrauchen» (Ex 20,7a).* Mit anderen Worten: Wir dürfen nicht die Hand auf Gott legen, sondern sollen Ihn über alles respektieren. Das ist eine Art von innerem Zurücktreten, um Ihn wirken zu lassen.

Geheiligt, gelobt, gepriesen werde Dein Name!

Begeistert von Gott

Jesus hat Sein Gebet nicht mit «Bitte, bitte, lieber Gott, gib doch, mach doch, tu doch, lass doch ...!» begonnen. Gott hat für Ihn nicht die Funktion eines Nothelfers. Gott ist für Ihn vielmehr der höchste Wert, der grosse Inhalt, das Glück Seines Lebens.

Nicht die Not lehrt Ihn beten, sondern die Begeisterung darüber, dass das Dasein von Gott – von einem solchen Gott! – getragen ist: «Abba, Du bist herrlich und wunderbar! Du sollst glücklich sein! Welch ein Segen, dass es Dich gibt! Dir will ich Freude machen. Dir will ich Ehre geben.»

«Dein Reich komme»

Diese Freude im Herzen lässt Jesus weiterbeten: *«Dein Reich komme.»* Du sollst wirken und regieren. Deine Liebe komme in unsere Welt.

Wenn Jesus uns beten lehrt: *«Dein Reich komme»*, dann bedeutet dies, dass es noch ein anderes Reich gibt. Die Bibel redet vom Reich, vom Herrschaftsbereich dieser Welt. Jesus meint damit einen geistigen Bereich, eine geistige Haltung, in denen verschiedene Mächte wirken, die dem Heilshandeln Gottes entgegenstehen.

Überlegen wir: Wovon lassen sich die meisten Menschen in unserem Umfeld leiten? Was ist die Triebfeder ihres Handelns? Womit sind ihre Gedanken beschäftigt? Wonach streben sie?

Was viele Menschen umhertreibt und bewegt, ist das Streben nach Geld, Einfluss (Macht), Lust, Sexualität und Sicherheit. Ein geläufiges Wort in unserem Volksmund heisst: «Alle denken immer nur an sich. Nur ich denke immer an mich.» Dieser Ausspruch zeigt, dass es in dieser Welt meist um unser eigenes Ego, um unser Ich geht. Was Menschen weiter umhertreibt, ist die Angst. Psychologen weisen darauf hin, dass 80% bis 90% des menschlichen Handelns von der Angst bestimmt oder mitbestimmt ist.

Wenn Angst und Egoismus «regieren» ...

Wie sieht das Leben aus, wenn der Egoismus und die Angst die treibenden Kräfte sind, wenn sie das Sagen haben und regieren?

Wenn Angst und Egoismus (Profitstreben) die treibenden Kräfte sind, führt das zu Konkurrenz- und Machtkampf. Die Konkurrenz zeigt sich darin, dass man – mindestens an einem Punkt – besser sein will als der andere: mehr Geld als ..., ein grösseres Auto als ..., ein schöneres Haus als ... haben will, klüger als ... sein will usw.. Dann fühlen wir uns gut. So beziehen wir unseren Wert vom Vergleichen. Das aber führt schnell zu Schadenfreude, Missgunst, Neid und Unzufriedenheit.

Angst hat viele Gesichter und Ursachen: die Angst, zu kurz zu kommen; die Angst: «Was wird morgen sein»?; die Angst vor der Zukunft; Ängste, nicht zu genügen und zu versagen. Solche Ängste engen das Leben ein. Als Folge davon sichern wir uns mehr und mehr ab. Raffgier, Materialismus und Geldsucht können Folgen dieser Ängste sein.

Im Reich der Welt müssen wir uns selbst bestätigen und uns selbst Sinn und Wert geben. Eine Folge davon ist das Leistungsprinzip. Leistung ist an und für sich etwas Gutes. Doch beim Leistungsprinzip wird der Wert des Menschen von seiner Leistung abhängig gemacht.

Weiter wirken sich Angst und Egoismus in Halbwahrheiten und Lüge aus. Die Wahrheit wird verdreht und vertuscht. Vieles geht «hinten herum». Wir haben Angst, ganz ehrlich zu sein und zu uns selbst zu stehen. Wir täuschen darum anderen etwas vor. Wir wollen uns besser darstellen als wir (gewesen) sind.

Angst und Egoismus führen zu vielfältigen Abhängigkeiten und zu Unterdrückung. Es gibt auch die religiöse Unterdrückung. Der Glaube kann missbraucht werden für egoistische Ziele. Darum ist die Aussage falsch: «Hauptsache ist, man hat einen Glauben». Nein, es kommt entscheidend darauf an, dass man den froh machenden, christlichen Glauben entdeckt, der befreit und die Menschen nicht im Unheil lässt oder gar noch das wahre Leben mindert.

Angst und Egoismus zerstören jeden Frieden. Friede baut auf Vertrauen und Gerechtigkeit auf. Solange jedoch Angst und Egoismus herrschen, ist alles auf Überlegenheit und Sicherung dieser Überlegenheit ausgerichtet, was den persönlichen, gesellschaftlichen und auch weltweiten Frieden zerstört und verunmöglicht.

Eine spürbare Auswirkung des Reiches dieser Welt betrifft auch unser Wirtschaftssystem. Nicht mehr der Mensch steht im Zentrum, sondern oft einseitig die Gewinnmaximierung.

All das hat Folgen. Wo der Egoismus und die Angst regieren, werden Beziehungen gestört und zerstört. Die Folgen sind Unheil in allen Bereichen, auch über Generationen hinweg.

Gott greift ein

Mitten in dieses Unheil ist Jesus gekommen. Mit Ihm beginnt ein neues Zeitalter. So beginnt Jesus Seine Verkündigung mit folgenden Worten: *«Die Zeit ist erfüllt. Das Reich Gottes ist nahe. Kehrt um und glaubt an das Evangelium» (Mk 1,15).*

«Die Zeit ist erfüllt» heisst: Jetzt ist die lang ersehnte Zeit da. Jetzt geschieht durch Gott grundlegend Neues.

«Das Reich Gottes ist nahe.» Reich Gottes ist die Initiative des himmlischen Vaters, der Seinen Kindern zu Hilfe kommt und allen die Fülle des Lebens schenken will. Denn Gott hat sich definitiv dazu entschlossen, Seine Königsherrschaft gegen alle anderen Kräfte durchzusetzen und aufzurichten.

«Reich Gottes» heisst wörtlich: Königsherrschaft Gottes, Gott «regiert». Das zeigt: Gottes Liebe will die Herzen der Menschen und all ihre Beziehungen erfüllen. Dann beginnt Gottes Liebe in uns und unter uns an Einfluss zu gewinnen. Wenn sich in den Herzen der Menschen Gottes Kraft der Liebe ausbreitet, «herrscht» ein guter Geist, eine gute Atmosphäre, ein Klima des Vertrauens, der Offenheit usw.

«Nahe» bedeutet wörtlich «in der Hand befindlich». Jesus will also sagen: Das Reich Gottes ist hier und jetzt da, es liegt auf deiner Hand. Du kannst es jetzt ergreifen und dich ihm öffnen.

Aspekte des Reiches Gottes

Das Reich des Vaters ist das Reich der vorbehaltlosen Liebe. Unabhängig von dem, was wir leisten oder was wir sind, liebt uns der Abba-Vater hundertprozentig. Wir sind vom Anfang bis zum Ende unseres Lebens von Ihm geliebt bis in alle Ewigkeit.

Da der himmlische Vater ein Gott der Freiheit ist, will Er uns an dieser Freiheit teilhaben lassen. Paulus drückt dies im Zweiten Brief an die Korinther mit folgenden Worten aus: *«Wo der Geist des Herrn wirkt, da ist Freiheit» (2 Kor 3,17).* Im Reich Gottes werden wir befreit von den vielen äusseren und inneren Zwängen. Befreit von vielen Ängsten, von allem Engen, Lebensbehindernden und Kleinkarierten.

Das Reich Gottes ist das Reich der Gerechtigkeit, der Solidarität und des Mit- und Füreinanders aller Menschen, denn Gott ist der Vater aller Menschen und Geschöpfe. Er will, dass es alle gut haben, nicht nur einige Wenige. Da hört das Freund-Feind-Denken, das

Ausnützen anderer, auch anderer Völker und Rassen, auf. Da geht es um gerechte Wirtschaftsbeziehungen, um die Erhaltung der Schöpfung. Da ist das Wohl aller im Blick, insbesondere das der Armen, Schwachen und Schutzlosen.

Wo Gott regiert, wird Friede möglich: Friede in uns, Friede in unseren Beziehungen, Friede unter den Völkern, weil alle ihre Würde, ihren Platz und ihr Recht erhalten.

Im Reich Gottes regiert die Freude. Da können wir uns – trotz Schwierigkeiten, Leiden und Nöten – von innen her am Leben freuen. Friede und Freude kommen nicht von äusseren Umständen, sondern vom Heiligen Geist, der von innen her das Herz des Menschen erfüllt. Paulus, der die Nöte des Lebens auch am eigenen Leib erfahren hat, schrieb an die Gemeinde in Rom: *«Das Reich Gottes ist nicht Essen und Trinken, es ist Gerechtigkeit, Friede und Freude im Heiligen Geist» (Röm 14,17).*

Im Reich Gottes wächst die Bereitschaft, Verantwortung zu übernehmen. Wir entdecken in uns eine Art Lust und Freude, mitzuhelfen, damit das Reich Gottes sich ausbreitet.

Das Reich Gottes ist das Reich der Wahrheit. Hier herrschen Ehrlichkeit und Offenheit. Weil wir angenommen und geliebt sind, können wir zu unseren Fehlern und Schwächen stehen. Wir brauchen nichts mehr zu vertuschen.

Zusammenfassend können wir sagen: Wo Freiheit, Liebe, Solidarität, Gerechtigkeit, Freude, Friede, Ehrlichkeit und Offenheit gelebt werden, da wird das Reich Gottes spürbar und dort können Beziehungen heilen. Das Reich Gottes ist der Ort, wo die Herrschaft von Menschen über Menschen aufhört. Im Reich Gottes können alle aufatmen und wahrhaft leben. Es ist ein Gewinn für alle!

Umkehr zum wahren Leben

In welchen dieser beiden Lebensbereiche leben wir? Leben wir im Reich der Welt oder im Reich Gottes?

Wir leben nicht automatisch im Reich Gottes. Denn das Reich Gottes, das Reich des Friedens und der Gerechtigkeit, kommt nicht von selbst. Um ins Reich Gottes zu gelangen, braucht es eine Entscheidung. Dazu ruft Jesus die Menschen auf: *«Kehrt um und glaubt an das Evangelium» (Mk 1,15).*

«Kehrt um» bedeutet wörtlich: «Denkt um!» oder: «Ändert eure Sicht, euer Denken, eure Einstellung!»

Der Sprung des Vertrauens

«*Evangelium*» ist eine höchst erfreuliche, beglückende, befreiende Nachricht, die alle aufatmen lässt. Hier ist die gute, befreiende Nachricht über Gott gemeint, die höchst beglückende Botschaft, dass die Herrschaft Gottes hundertprozentige Liebe ist.

Die Umkehr, zu der Jesus ruft, besteht also darin, dass wir zuerst unsere Sicht von Gott ändern und zwar dahin, dass Er für uns das Erstrebenswerteste in allen Situationen ist. Je mehr wir uns Ihm öffnen, umso besser für uns und alle.

«*Glaubt an das Evangelium!*» heisst: Vertraut Gottes Fürsorge und Liebe. Vertraut, dass Er das Bestmögliche in jeder Situation für euch will. Vertraut, dass der himmlische Vater der beste Verbündete eures Lebensglückes ist.

Die Verankerung im Reich Gottes

Die Botschaft des Reiches Gottes stellt jeden persönlich vor die Frage: Möchte ich mich Gottes Liebe und Führung ganz öffnen?

Es geht hier um einen Vertrauensschritt, um eine Entscheidung des Herzens: Trotz meiner vielleicht zwiespältigen Gefühle schaue ich auf die Liebe des himmlischen Vaters und entscheide mich, Ihm zu vertrauen. Dabei muss oft eine Angst überwunden werden.

Es ist wie beim Schwimmenlernen. Wenn ich z.B. nicht schwimmen kann, habe ich Angst, dass das Wasser mich nicht trägt. Diese Angst wird bestätigt, wenn ich ins Kinderbassin gehe und mit dem Fuss aufs Wasser trete. Ich stelle fest: Das Wasser trägt mich nicht. Wenn ich mutiger werde, gehe ich ins Wasser bis zum Hals. Nun kann ich mit den Armen Schwimmbewegungen machen. Ich kann aufspringen und werde erleben, dass das Wasser mich nicht trägt.

Warum trägt das Wasser mich nicht? Die Antwort lautet: Das Wasser kann mich erst dann tragen, wenn ich den Schwerpunkt nicht mehr in mir selbst habe und mich ganz dem Wasser anvertraue. Das heisst: Erst wenn wir uns ganz Gottes Liebe und Führung anvertrauen, können wir erfahren, dass Gottes Liebe wahrhaft trägt. Mit dieser Entscheidung verankern wir uns im Reich Gottes.

Das Wachstum des Reiches Gottes

Das Neue, das nun zu wachsen beginnt, kann mit einem Samenkorn verglichen werden, wie Jesus sagt: *«Mit dem Reich Gottes ist es so, wie wenn ein Mann Samen auf seinen Acker sät» (Mk 4,26).*

Wie der Samen im Verborgenen keimt und wächst, so beginnt Gottes Liebe unser Leben von innen her zu wandeln. Wie?

- Es gibt weniger Forderungen und Erwartungen, dafür mehr eigenes Engagement und Freude am Leben mit anderen.
- Anklagen und Vorwürfe gegen Mitmenschen und Umstände werden seltener und hören mehr und mehr auf.
- Das Einfühlungsvermögen in andere Menschen wächst. Ihre Sorgen und Nöte betreffen uns, und wir tragen ihre Leiden mit. Wir können uns auch von Herzen am Erfolg anderer freuen.
- Wir sorgen uns weniger um das eigene Image, z.B.: «Nehmen die anderen mich an? Bestätigen, bewundern oder bekämpfen sie mich?»

- Die Macht des Selbstmitleides nimmt ab. Die Dankbarkeit gegenüber Gott, den Mitmenschen und sich selbst nimmt zu. Die Lebensfreude wächst zunehmend.
- Trotz den Stürmen des Lebens wächst die innere Gewissheit, dass wir von Gott getragen und in Ihm geborgen sind. Wir trauen Ihm zu, dass Er mehr von unseren Ängsten und Sorgen versteht als wir selbst.

Je mehr wir unser Leben im Reich Gottes verankert haben, und immer wieder unser Ja zu Gottes Führung leben, desto mehr reifen diese Haltungen als Früchte heran. Friede wird möglich. Doch nicht für Träumer. Denn es braucht immer neu unsere Entscheidung für diesen heiligen Gott der Liebe und Seinem Weg.

Dein Reich komme!

Ich fasse zusammen: *«Dein Reich komme!»* - Diese Bitte betrifft zuerst mich ganz persönlich. Will ich im Alten bleiben? Mein eigenes Reich aufbauen? Oder darf Gott Seine so ganz andere Herrschaft der Liebe in mir ausüben?

Wer betet *«Dein Reich komme»* lädt Gott ein, dass Er den Thron in unserem Herzen übernimmt, dass nicht mehr mein Ehrgeiz, mein Stolz, meine Empfindlichkeit, mein Wille, meine Lust, mein Ansehen, meine Interessen und Pläne in meinem Leben regieren sollen, sondern Er!

Wer betet *«Dein Reich komme»* bekennt: Veränderung ist möglich - und zwar in mir und durch mich in der Welt! Denn durch mein Einlassen auf den himmlischen Vater kann Er segensreich und Heil bringend in die Welt herein wirken.

Liebe Leserin, lieber Leser

Vielleicht waren viele Gedanken neu für Sie. Das muss Sie nicht überraschen, denn Gott in Seiner Botschaft ist immer neu, frisch und lebendig. Deshalb kann es gut sein, einige Gedanken dieses Kapitels nochmals zu bedenken und anschliessend zum Teilnehmerheft zu greifen. Es hilft, das Gelesene zu verinnerlichen und im eigenen Leben fruchtbar werden zu lassen.

3. Freiheit – befähigt, die Liebe zu wählen
Dein Wille geschehe

Eugen Biser schreibt: «Das Herz Gottes ist Liebe – und nichts anderes. Das aber ist kein Gott, der alles hinnimmt und auf sich beruhen lässt, sondern der Gott der denkbar grössten Herausforderung, der vom Menschen das erwartet, was Er ihm gibt: Liebe aus ganzem Herzen, ganzem Gemüt, ganzer Geistes- und Wesenskraft.»

Es geht also beim Reich Gottes darum, dass Gottes Liebe unser Herz berührt und durchdringt, damit wir aus ganzem Herzen lieben können. Damit diese Liebe in uns wachsen kann, braucht es von uns immer wieder die Entscheidung, Gottes Willen zu wählen.

Dies ist eine gute Wahl, denn der himmlische Vater hat den Überblick über alles. Er weiss, was alles noch auf uns zukommt und bereitet uns ideal darauf vor. Und – Er entmündigt nicht, sondern führt uns zur Eigenverantwortung.

Der Wille des Vaters – die Energiequelle Jesu

Die Bitte *«Dein Wille geschehe»* geht vielen nicht so leicht über die Lippen, weil sie mit verschiedenen Gedanken, Vorstellungen und Erfahrungen verbunden sein kann, die Angst machen und das eigentliche Anliegen verdunkeln. Schauen wir darum zuerst wieder auf Jesus. Wie ist es Ihm mit dieser Bitte gegangen?

In den Augen Jesu ist der Wille des himmlischen Vaters das Erstrebenswerteste, das absolut Beste in allen Situationen des Lebens. So sagte Er einmal Seinen Jüngern: *«Ich lebe von einer Speise, die ihr nicht kennt. … Meine Speise ist es, den Willen dessen zu tun, der mich gesandt hat und sein Werk zu Ende zu führen» (Joh 4,32.34).*

Für Jesus war der Wille des Vaters Nahrung, eine unerschöpfliche Lebens- und Energiequelle, er bedeutete Ihm Freude und Glück. Noch mehr: Jesus machte sich ganz eins mit dem Willen Seines Vaters: *«Ich und der Vater sind eins» (Joh 10,30).* Diese Einheit mit Seinem Vater war Seine innerste Kraft. Sie schenkte Ihm jene Sicherheit, Ruhe und Stärke, die Ihn in allen Situationen so eindeutig und klar handeln liess. Der Willen Seines Vaters war Seine Leidenschaft, Sein Feuer, Sein brennendes Verlangen.

Gerade weil wir in einer Welt voll Not und Elend leben, gerade weil vieles in der Welt verkehrt und schlecht ist, darum lädt Jesus ein, engagiert zu bitten: «Dein Wille geschehe (doch endlich)!» Gottes Plan, Gottes Liebe, Gottes Liebesregierung möge sich durchsetzen, weil dies das Beste für jeden Menschen und für jede Situation ist. Mit anderen Worten heisst dies: Wählt die Liebe Gottes.

Das Grundproblem

Doch können wir den Willen Gottes mit ganzem Herzen wählen? Vielleicht möchten wir es, und zugleich entdecken wir in uns Ängste, Zweifel und Misstrauen. Das zeigt das Grundproblem auf.

Dazu eine kleine Anekdote: Am Hochzeitstag sagte die Braut zum Bräutigam: «Wie schön wir es doch heute haben! So friedlich und harmonisch sollte es immer bleiben, denn mir macht nichts mehr zu schaffen als Spannungen und Streit.» Darauf erwiderte der Bräutigam: «Wenn du möchtest, können wir heute eine faire, partnerschaftliche Abmachung treffen, und dann werden wir immer den Frieden haben. Möchtest du?» «Ja, gerne», strahlte froh die Braut, «und wie sieht die Abmachung aus?» Darauf sagte er: «Immer, wenn wir gleicher Meinung sind, gilt dein Wille und nur dann, wenn wir verschiedener Meinung sind, mein Wille.»

Diese Vereinbarung weist uns auf eine Grundtendenz hin: Wir möchten, dass der himmlische Vater sich unserem Willen anpasst. Dann wären wir «zufrieden» mit Ihm.

Bei der Bitte *«Dein Wille geschehe»* geht die Ausrichtung jedoch genau in die umgekehrte Richtung. Es geht nicht darum, dass sich Gott unserem Willen anpasst, sondern dass wir uns Seinem Heilswillen öffnen, weil der Wille des guten, himmlisch-liebenden Vaters stets weiser und besser ist als unsere eigenen Vorstellungen, Wünsche und Pläne.

Wahre Autorität – Leben vermehren

Ob wir uns dieser Bitte innerlich ganz öffnen können, kann von Erfahrungen unserer eigenen Geschichte, konkret von unseren Erfahrungen mit Autoritäten, abhängen. Denn der Wille Gottes hat mit Autorität zu tun.

Wir können Autorität verschieden erleben. Eine Form ist diejenige, in der gar nicht nach dem eigenen Willen und den eigenen Gefühlen gefragt wird. Da wird einfach befohlen und Druck aufgesetzt:

Autorität will Leben vermehren.

«Das hast du zu tun». Weil die Übermacht des Befehlenden gegeben ist, bleibt da nur ein Ja, dem man sich beugt. Ein fremder Wille wird uns übergestülpt. Innerlich wehrt man sich dagegen und murrt. Meist bleibt ein bitterer Nachgeschmack zurück.

Eine Reaktion auf negative Autoritäts-Erfahrungen kann sich in Ängsten zeigen: Nur ja keinen Fehler machen. Nur keinen Anlass zur Kritik geben. Solche und ähnliche Ängste können tief im Nacken oder besser gesagt im Herzen sitzen.

Eine andere Autoritäts-Erfahrung kann der sogenannte «Laisser-faire-Stil» sein. Da wird keine Autorität wahrgenommen. Da lässt man alles laufen. Da werden die negativen und asozialen Tendenzen im eigenen Herzen nicht korrigiert. Kinder und Erwachsene können mit diesem Führungsstil überfordert werden. So fragten Kinder in einem Kindergarten: «Müssen wir heute schon wieder das tun, was wir wollen?» Kinder und Erwachsene brauchen für ihre gesunde Entwicklung die Auseinandersetzung mit Autoritäten.

In einer weiteren Form von Autorität werden z. B. in einer Familie die Fragen und Probleme miteinander besprochen. Alle denken mit. Konflikte werden nicht unterdrückt, sondern offengelegt. Es wird versucht, auf alle Rücksicht zu nehmen. Alle übernehmen Mitverantwortung. Auch hier müssen manchmal Entscheidungen – zum Schutz und zur Förderung der Gemeinschaft – getroffen werden, die für die Kinder nicht einsichtig sind und ihnen nicht passen. Aber alle werden soweit wie möglich miteinbezogen.

«Autorität» kommt vom Lateinischen «augere». «Augere» heisst «vermehren». Wahre und gute Autorität vermehrt und schützt Leben und Glück. Echte Autorität schützt uns auch vor dem Bösen und den selbstzerstörerischen Tendenzen in uns. Sie bringt das Leben der ihr anvertrauten Menschen zur vollen Entfaltung. Darum sehnen wir uns zutiefst nach echter Autorität, denn sie vermittelt Geborgenheit und Schutz. Sie ermöglicht ein harmonisches Miteinander, in dem besonders auch die Schwachen geschützt werden.

In diesem Sinn ist der Wille Gottes zu sehen. Seine Autorität will das Leben aller fördern. Sein Wille ist ein Angebot, die Einladung zu einem gelingenden Leben.

Aspekte des Willens Gottes

Der Jesuit Alfred Delp schrieb zwischen seiner Verurteilung und seiner Erhängung im Konzentrationslager folgenden Satz: «Die Bitte ‚Dein Wille geschehe' bezieht sich auf die Freiheit des Menschen! Das verwundert, das schockiert im ersten Augenblick. Doch ist es so! Es geht bei dieser Bitte um die Freiheit des Menschen und damit um unsere Verantwortung.»

Nicht alles, was geschieht, ist Gottes Wille!

Ein Kind wurde in einem Wohnquartier von einem zu schnell fahrenden und alkoholisierten Autofahrer angefahren. Im Spital bemühten sich viele, das Kind zu retten. Doch es starb. War der Tod des Kindes in dieser Form und zu dieser Zeit Gottes Wille?

Fragen wir weiter: Wollte Gott, dass der Mann sich betrinkt? Nein! Wollte Er, dass er betrunken Auto fährt? Nein! Wollte Er, dass er zu schnell fährt? Nein! So können wir sagen, dass der Tod des Kindes in dieser Form und zu diesem Zeitpunkt nicht Gottes Wille entspricht.

So ist sehr vieles, was in der Welt geschieht, nicht Sein Wille! Denn der himmlische Vater will keinen Krieg, keine Ungerechtigkeit, keine Unterdrückung, keinen Missbrauch von Menschen. Er will nicht das Zerbrechen so vieler Beziehungen mit den vielen seelischen Wunden und Schmerzen. Er will nicht das Elend, den Hunger usw..

Gott will vieles anders, als es jetzt ist. Wenn alle Menschen nach Seinem Willen fragen würden und versuchten, ihn einzuhalten, dann hätten wir fast das Paradies auf dieser Welt. Es würde noch ein unverstehbarer Rest an Leid und Schmerz da sein. Doch offene Fragen würden wir alle solidarisch miteinander tragen. Das würde alles viel leichter machen, denn was uns am meisten schmerzt, sind Verletzungen im Miteinander, Ablehnung und Missgunst.

Gott will vieles, was in der Welt geschieht, nicht. Aber wir können sagen: Gott hat es zugelassen, weil Er die Freiheit der Menschen respektiert, auch dann, wenn es Ihm selbst das Herz bricht! Denn Er sieht, wie oft wir uns selbst schädigen und Unschuldige leiden müssen. In all dem fühlt Er mit uns und mit allen Leidenden. Denn alle Menschen sind Seine Kinder, ob sie dies wissen oder nicht.

Entscheidungen haben Folgen

Positive Entscheidungen haben positive Folgen für uns und andere. Negative Entscheidungen haben negative Folgen für uns und andere. Heil und Unheil, Segen und Fluch wirken weiter über Generationen hinweg. Wir erleben unverdientes Heil und unverdientes Unheil. Wir sind in gewisser Weise immer Opfer von der Sünde anderer und Segensempfänger vom Segen anderer. Zugleich bewirken wir Segen und Unheil für andere, auch für die kommenden Generationen. Wir sind als Menschheits-Familie in einer Heils- und Unheils-Solidarität ineinander verwoben.

Der himmlische Vater will uns nun aus allen Unheils-Zusammenhängen herausholen. Mitten im Unheils-Strom dieser Welt will Er einen Heils-Strom, einen Segens-Strom eröffnen.

Gottes Wille ist kein «festgelegter» Plan

Der himmlische Vater hat keinen genau festgelegten Plan für unser Leben. Wir sind nicht vorherbestimmt. Auch wenn die Startbedingungen ins Leben sehr unterschiedlich sind, tragen wir dennoch kein Karma, keine persönliche Schuldenlast, die wir in unserem Leben abbauen müssten. Solche Vorstellungen sind nicht christlich.

Wir sind von Gott her gesehen viel freier, als wir meist vermuten. Als Folge davon haben wir viel mehr Verantwortung, als wir denken.

Gottes Plan mit uns besteht darin, dass wir Seine Liebe entdecken, annehmen und weitergeben. Dazu ruft Er uns auf konkrete Wege. Diese jedoch gestalten wir wesentlich selbst mit. Sie sind zum grossen Teil unserer Freiheit anvertraut. Johannes Bours sagt dazu: «Der Mensch wird des Weges geführt, den er wählt.»

Nur Gott kennt die Ganzheit

Eine behinderte Frau, die lange um ein Ja zum Willen Gottes gerungen hat und in diesem Prozess nicht fertig ist, lehrte mich mit der folgenden Geschichte, behutsam mit Deutungen, Festlegungen und dem Willen Gottes umzugehen:

Es lebte einmal in einem Dorf ein alter Mann, der sehr, sehr arm war, aber selbst Könige beneideten ihn um sein wunderschönes weisses Pferd. Sie waren bereit, ihm grosse Reichtümer für den Besitz des Pferdes zu überlassen. Aber der alte Mann sagte: «Dieses Pferd gehört mir nicht, es ist eine Person. Wie könnte ich eine Person verkaufen?»

Eines Morgens befand sich das Pferd nicht in seinem Stall. Die Leute des Dorfes strömten zusammen und höhnten: «Du törichter alter Mann! Wir wussten genau, dass dir das Pferd eines Tages gestohlen würde. Es wäre viel besser gewesen, du hättest auf unseren Rat gehört und das Pferd verkauft. Welches Unglück!»

Der alte Mann aber sagte: «Geht nicht so weit, dies zu sagen. Sagt nur, das Pferd sei nicht in seinem Stall. Dies ist eine Tatsache, alles andere ist ein Urteil. Ob es ein Unglück oder ein Segen ist, weiss ich nicht, weil dies nur ein Fragment ist. Wer weiss, was noch geschehen wird?»

Die Leute lachten über den alten Mann. Sie wussten ja alle, dass er etwas verrückt war. Nach fünfzehn Tagen kam das Pferd plötzlich zurück. Es war nicht gestohlen worden, sondern in die Wildnis gezogen. Nun brachte es ein Dutzend wilde Pferde mit sich.

Die Leute versammelten sich wieder und sprachen zum alten Mann: «Alter Mann, du hattest Recht, es war kein Unglück, sondern ein Segen, der dir widerfahren ist.»

Der Mann sagte: «Wieder geht ihr zu weit. Sagt nur, das Pferd sei zurückgekommen ... Wer weiss, ob es ein Segen ist oder nicht? Es ist nur ein Fragment. Wie könnt ihr beim Lesen eines einzigen Wortes den Inhalt eines ganzen Buches kennen?»Diesmal sagten die Leute nichts mehr, aber innerlich wussten sie genau, dass er nicht Recht hatte. Immerhin waren doch zwölf Pferde zurückgekommen, und das sollte kein Segen sein?

Der einzige Sohn des Mannes begann, die wilden Pferde zu zähmen. Eines Tages warf ihn ein Pferd beim Reiten ab, und er brach beide Beine. Die Leute kamen wieder zusammen und sagten: «Wieder hast du recht gesprochen, alter Mann. Es war doch ein Unglück. Dein einziger Sohn brach beide Beine, und er war doch deine einzige Stütze. Nun ist er verkrüppelt, und du bist ärmer als je zuvor.» Der Mann sagte: «Ihr seid besessen davon, alles beurteilen zu wollen. Geht nicht so weit. Sagt nur, dass mein Sohn beide Beine gebrochen hat. Keiner weiss, ob es ein Unglück oder ein Segen ist. Das Leben geschieht in Fragmenten, und mehr ist dem Menschen nicht gegeben.»

Nach einigen Wochen brach Krieg im Lande aus, und alle jungen Männer mussten sich beim Militär melden, nur der Sohn des alten Mannes nicht, weil er verkrüppelt war. Die Leute des Dorfes schrien wild und weinten, weil sie um ihre Söhne trauerten. Sie kamen zum alten Mann und sagten: «Du hattest wiederum Recht, alter Mann – es hat sich als Segen erwiesen. Dein Sohn mag verkrüppelt sein, aber er kann bei dir bleiben. Unsere Söhne hingegen müssen für immer weg!» Der alte Mann entgegnete: «Ihr urteilt wiederum voreilig. Niemand weiss! Sagt nur, dass eure Söhne ins Militär einrücken müssen und mein Sohn nicht. Denn nur Gott, die Ganzheit von allem, weiss, ob es ein Segen oder ein Unglück ist.»

Mich lehrt diese Geschichte, mitten in Schmerz und Enttäuschungen Gottes kreativen, offenen Heilswegen zu trauen, denn nur der himmlische Vater kennt die Zukunft.

Gottes Wille meint stets das Jetzt

In welcher Situation wir uns auch befinden, Gottes Wille hat immer das Jetzt im Blick. Kehren wir zur Geschichte mit dem angefahrenen und verstorbenen Kind zurück. Gott hat dieses schmerzliche Ereignis zugelassen, weil Er die Freiheit der Menschen respektiert. Der Tod dieses Kindes ist die Folge menschlicher Schuld. Für die Angehörigen des Kindes begann damit ein schmerzlicher Prozess. Sie mussten sich dem Leid stellen.

Im Verarbeiten dieses schmerzlichen Verlustes hatten sie grundsätzlich zwei Möglichkeiten: in der Auflehnung zu verharren, bitter zu werden und dem Autofahrer die Schuld für ihr Unglück zu geben oder dem himmlischen Vater zu vertrauen, dass Er ihnen jetzt beisteht und ihr Leid in Heil zu verwandeln vermag.

So können die Eltern sagen: «Gott hat es zugelassen. Es ist jetzt Sein Wille, dass wir – nachdem das so gekommen ist – dieses Leid annehmen und tragen. Er weiss, wozu es gut ist.» Diese Haltung des Vertrauens hat Paulus so formuliert: *«Wir wissen, dass Gott bei denen, die ihn lieben,* ***alles*** *zum Guten führt» (Röm 8,28). «Alles»* meint wirklich alles: Alles Leid, alle Wunden, ja selbst unsere Schuld will Er zum Guten, ja zum Besten für uns wenden.

Mit anderen Worten: Gott baut beständig das Leiden und Negative, das Er nicht wollte, und alle Ereignisse unseres Lebens und der ganzen Weltgeschichte in Seine immer neuen Heilspläne ein. Und zwar so, dass Leiden und Negatives für die Betroffenen zum Segen, ja sogar zum grösseren Segen werden. Gott wandelt das Unheil so zum Segen, dass diejenigen, die es betrifft, dieses später nicht mehr missen wollen und Ihm dafür in alle Ewigkeit danken werden. Das ist die Weisheit, Liebe und Genialität des Willens Gottes.

Aus Leid kann Segen werden

Ich denke an Martina, eine 38-jährige allein erziehende Mutter von drei Buben. Am zweiten Adventssonntag 1998 wollte sie nachmittags nach Hause zurückkehren. Da brannte ihr Haus lichterloh. Nichts war mehr zu retten. Sie und ihre Buben verloren alles, was sie hatten.

Gott sei Dank wurden sie von einer Familie vorübergehend aufgenommen. Als ich sie anderntags besuchte, war Martina völlig am Ende: Schon wieder sei ihr alles genommen worden. Am liebsten möchte sie nicht mehr leben, denn sie sehe keine Zukunft mehr.

Monate später gestand sie mir: «Heute kann ich nur danken. Mir ist viel mehr geschenkt worden, als ich verloren habe. Durch die ganze Welle der Solidarität des Dorfes und durch neue Beziehungen wurde ich reich beschenkt.»

Da ist aus Unheil Segen gewachsen. Zwar bleibt das Unheil etwas Schreckliches, aber sogar aus diesem Schrecklichen konnte wieder neues Leben wachsen. Das ist der Wille Gottes in jedem Leid. Doch damit Er das Gute wirken kann, ist es entscheidend wichtig, nicht in der Vergangenheit zu grübeln und uns oder anderen wegen Fehlern oder Unrecht Vorwürfe zu machen, sondern zu fragen, was jetzt Gottes guter Wille ist und natürlich entsprechend zu handeln.

Gottes Wille: Seine Liebe in Jesus annehmen

Wie Eltern, die ihre Kinder von Herzen lieben, nur das Beste für sie wollen, so auch der herzensgute himmlische Vater. Er möchte all Seinen Kindern die Fülle des Lebens, die Fülle Seiner Liebe schenken. Da gibt es einen ganz bestimmten «Ort», wo Er uns Sein Heil und Seine Liebe schenken möchte.

Johannes schreibt: *«Die Liebe Gottes wurde unter uns dadurch offenbart, dass Gott seinen einzigen Sohn in die Welt gesandt hat, damit wir durch ihn leben» (1 Joh 4,9)* Auch Paulus bestätigt: *«Er hat seinen eigenen Sohn für uns alle hingegeben – wie sollte er uns mit ihm nicht alles schenken?» (Röm 8,32).*

Der himmlische Vater schenkt uns in Seinem Sohn in besonderer Weise Seine Liebe – ja *«alles»*. So besteht der Wille Gottes darin, dass wir Seine Liebe in Jesus Christus annehmen und dadurch befähigt werden, als Seine Kinder zu leben: *«Denn allen, die ihn (Jesus Christus) aufnahmen, gab er Macht, Kinder Gottes zu werden» (Joh 1,12).*

Wenn wir Jesus in unser Leben aufnehmen und mit Ihm unser Leben gestalten, dann wird durch diese neue Beziehung eine neue Realität in uns wirksam, die es uns ermöglicht, als Kinder Gottes zu leben. Die *«Macht»*, die uns zu diesem neuen Leben befähigt, ist der Heilige Geist. Wenn wir uns Jesus anvertrauen, werden wir erfahren, wie Er unser Leben mit einem neuen Geist belebt und erfüllt. Wir werden erfahren, dass Er uns heilt und erlöst.

Der erlösenden Kraft Jesu vertrauen

Ein Diakon erzählt: In der Seelsorge kam eine Mutter zu mir. Sie erzählte, dass eine andere Frau, die sie um Hilfe bat, zu ihr sagte: «Du hast ein Karma.» (Karma kommt von der Reinkarnationslehre und bedeutet eine Schuld aus einem früheren Leben.) «Dieses Karma besagt nun, dass du in diesem Leben lernen musst, den Tod anzunehmen. Das heisst: Wenn dein Kind auf die Welt kommt, dann wird es sterben.» Die Mutter glaubte dieser Frau und das Kind starb. Ebenso starb ihr zweites Kind.

Nun, als sie zu mir in die Seelsorge kam, war sie mit dem dritten Kind schwanger. Sie machte sich Sorgen und fragte, ob ihr drittes Kind sterben müsse. Darauf sagte ich: «Du kannst dich entscheiden. Es liegt an dir. Wenn du dich weiter auf diese Frau verlässt und ihr glaubst, wird sie weiter Macht über dich haben. Du kannst aber auch Gott vertrauen, der das Leben dieses Kindes will. Wenn du Ihm vertrauen möchtest, dann distanziere dich von dieser Frau und übergib dich der Lebensmacht Jesu. Ich werde dann um Befreiung und Loslösung von der Todesmacht beten, die durch diese Frau auf dich kam.» Die Mutter war damit einverstanden und wir beteten. Das Kind überlebte, und ich durfte es taufen.

Wir berühren hier etwas, was wir nicht so einfach verstehen können. Ich weiss nicht, wie das mit der Macht über andere Menschen funktioniert. Doch dieses Beispiel und meine Seelsorgeerfahrung zeigen, *dass* es funktioniert. Wenn wir solchen Botschaften glauben, geben wir ihnen Macht über uns. Wir öffnen uns dann Mächten, die Gott nicht will. Glauben hat mit Macht zu tun, besser gesagt: Im Glauben, im Anvertrauen öffnen wir uns Kräften. Jesus hat oft davon gesprochen: «Dein Glaube hat dir geholfen. Dein Glaube hat dich geheilt.» Das heisst: Wenn wir Ihm und Seinen Worten glauben, dann öffnen wir uns der Liebe Gottes und Seinen Heilskräften. Die Folge davon ist: Wir werden befreit von Angst, von allem eng

Machenden, vom Egoismus, usw. Friede, Dankbarkeit, Freude und Vertrauen wachsen. Gottes Reich wächst in uns.

Wir können aber auch anderen Menschen Macht über uns geben und uns dunklen Kräften öffnen. Wem wir Glauben schenken, dem geben wir Macht über uns. Wer glaubt, ohne diesen oder jenen Menschen nicht mehr leben zu können, gibt diesem Menschen Macht über sich. Wer Horoskopen glaubt; wer glaubt, sein Leben hänge von Sternbildern ab, gibt den Sternen Macht über sich. Es sind fremde Mächte, die uns unfrei machen. Doch letztlich bestimmen nicht sie über unser Leben, sondern wir selbst.

Wir wählen, was und wem wir glauben. Wir entscheiden, welchen Kräften wir Einfluss in unserem Leben geben. Die Evangelisten berichten an verschiedenen Stellen, dass diejenigen, die sich Jesus anvertrauen, Heil erfahren und gerettet werden.

Die Kraft kommt im freien Ja

In vielen harten Situationen unseres Lebens braucht es einen längeren Weg, um ein positives, freiwilliges Ja zum Willen Gottes zu finden. Auch Jesus fiel das Ja zum Willen Seines Vaters nicht immer leicht. Als das Leiden auf Ihn zukam, musste Er hart um die Annahme des Willens Seines Vaters ringen. So betete Er am Ölberg: *«Abba, Vater, alles ist dir möglich. Nimm diesen Kelch von mir! Aber nicht, was ich will, sondern was du willst (soll geschehen)» (Mk 14,36).* Dieses Gebet Jesu am Ölberg vor Seinem Leiden zeigt die innere Spannung auf, in die uns der Wille Gottes führen kann.

Es gibt einen Willen in uns, der das Unangenehme, Schwere und Schmerzhafte nicht annehmen will, der sich auflehnt und es gibt auch den hingebungsvollen Willen. Franz von Sales schreibt: «Es ist unmöglich zu verhindern, dass der niedere Bereich unserer Seele murrt und sich ärgert. Man soll sich nicht darum kümmern, sondern den höheren Bereich unserer Seele zur Geltung bringen und von ganzem Herzen das annehmen, was Gott will oder geschehen lässt, wie Jesus in Seiner Todesnot handelte.»

Jesus hatte am Ölberg dreimal gebetet. Das ist ein Hinweis darauf, dass es für Ihn ein längerer Weg war, bis Er zu Seinem bevorstehenden Leiden ganz Ja sagen konnte. Mit dem Ja kam die Kraft Gottes. So stand Jesus am Ende des Gebetes aufrecht da und ging in der Kraft des Vaters dem Kommenden entgegen. Diese Kraft half Ihm, die folgenden Demütigungen und Qualen zu bestehen.

Hinweise zum Erkennen des Willens Gottes

Gottes Wille will uns in die Freiheit führen. Er regt uns an, aus jeder Opferrolle auszusteigen und auch in schwierigen Umständen mit innerer Würde und Freude unsere Berufung zu leben. Dabei kommt der Wille Gottes nie mit Druck auf uns zu. Er ist vielmehr ein Angebot, das uns der himmlische Vater unterbreitet. Er schenkt uns Seine Weisungen in Seinem Wort, das in der Bibel überliefert ist sowie davon abgeleitet in den Weisungen der Kirche.

Wer ehrlichen Herzens nach dem Willen Gottes leben will und Ihn um Sein Licht bittet, der darf sicher sein, dass der himmlische Vater ihm Seine Wege zeigt. Dabei können folgende drei Kennzeichen hilfreich sein: Der Wille Gottes kann an der bleibenden Freude, am inneren Frieden und an der Liebe erkannt werden.

Bleibende Freude

Ignatius von Loyola, der Ordensgründer der Jesuiten, hat dies so erlebt: Als junger Soldat wurde er verwundet und krank. Als er so im Bett lag, las er prickelnde Literatur (Liebesromane) und Heiligenbücher. Dabei stellte er fest, dass ihn die Liebesromane gefühlsmässig lockten, aber nachher liessen sie eine Leere zurück. Zu den Heiligenbüchern musste er sich zuerst überwinden, danach aber war er erfüllt mit innerer Freude. Diese haben die tiefste Sehnsucht seines Herzens genährt.

So ruft uns der Wille Gottes oft zuerst zu einer Überwindung, und als Folge davon kommen dann die innere Erfüllung und Zufriedenheit. Die Stimmen dieser Welt locken uns meist mit scheinbaren Annehmlichkeiten, mit Lustgefühlen und Nervenkitzel. Sie lassen anschliessend jedoch eine innere Leere zurück.

Wer ehrlich ins eigene Leben hineinschaut, kann schnell entdecken, was ihn in der Tiefe nährt und was ihn leer zurücklässt. Wer sich zum Beispiel durch Neugier negativem Gerede öffnet, wird erfahren, dass dies ihn leer oder gar noch vergiftet zurücklässt.

1. Kriterium: Was nährt mich im Tiefsten?

Innerer Friede

Der Wille Gottes führt uns immer in eine innere Stimmigkeit, in einen inneren Frieden. Mögen auch viele Kämpfe und Schwierigkeiten, mögen auch viele Widerstände da sein, tief in uns spüren wir dennoch: «Das stimmt. Das ist es.»

Der Wille Gottes ist kein Zickzackweg, sondern ruhig und klar. Er ist ganz tief in uns als Sehnsucht da: Das wäre das Richtige! Und wenn die Zeit reif ist, öffnet sich auch ein konkreter Weg. Wichtig ist dabei zu wissen: Gott überfordert uns nie, aber Er erwartet immer wieder einen kleinen Schritt von uns. Dieser kleine Schritt fordert uns meist, aber überfordert uns nicht. Und erst, wenn wir ihn getan haben, zeigt Er uns den nächsten Schritt.

2. Kriterium: Wo spüre ich im tiefst Innersten Frieden?

Liebe

Manchmal beschäftigen Menschen sich so verbissen mit dem Willen Gottes, dass sie dies einengt. Sie fragen, was in dieser oder jener Situation ganz genau der Wille Gottes sei. Dabei steht die Angst im Vordergrund, ja nie etwas falsch zu machen.

Es ist wichtig zu wissen, dass wir als Kinder Gottes Fehler machen dürfen. Fehler sind das Kapital, um zu lernen. Als Kinder Gottes dürfen wir im Vertrauen leben, dass – wenn wir Gottes Weg gehen wollen – der himmlische Vater uns Seinen Weg auch zeigt. Als Massstab für unsere Entscheidungen kann der Rat des Augustinus dienen: «Liebe, und tue was du willst.»

Das heisst: Was fördert die Liebe zu Gott, zu den Menschen und zu meiner Lebensberufung und handle dieser Liebe entsprechend nach deinen Überlegungen. Da kann auch die Frage helfen: Womit mache ich dem himmlischen Vater mehr Freude? Was ehrt Ihn? Was baut Sein Reich auf?

3. Kriterium: Was fördert mehr wahre, echte Liebe?

Wie im Himmel, so auf Erden …

«Dein Wille geschehe, wie im Himmel, so auf Erden». Wie geschieht der Wille Gottes im Himmel? Wir können sagen: Im Himmel geschieht der Wille Gottes erstens *immer,* zweitens *sofort* und drittens *ganz, vollkommen.* Das ist das Mass, nach dem Gottes Wille bei uns geschehen soll.

Bei dieser Bitte geht es darum mitzuhelfen, dass die Verhältnisse des Himmels auf unsere Erde kommen. Wir als Gottes Töchter und Söhne sind berufen, das Gottes-Reich in diese Welt hineinzutragen. Wenn wir beten, machen wir uns damit zu aktiven Botschaftern dieser Vision. Sie und ich, wir sind die verlängerten Arme des himmlischen Vaters. Dort, wo Sie und ich leben, am Arbeitsplatz, in der Familie, in der Nachbarschaft, sollen Orte entstehen, an denen die Liebe und Kraft Gottes sichtbar wird. Früher sagte man auf dem Dorf: Wenn ein Bauer Christ wird, dann muss das die Kuh im Stall spüren.

Als Töchter und Söhne Gottes, als Bürgerinnen und Bürger des Reiches Gottes, ist es unsere Berufung, die Wirklichkeit des Himmels auf die Erde herunterzubitten: Wie im Himmel, so auf Erden – mit brennendem Herzen wie Jesus. Wenn jemand z. B. ein schweres Leid zu tragen hat, bitten wir um himmlischen Trost, um Kraft und Ermutigung. Wenn wir von Schwierigkeiten, Ungerechtigkeiten und Nöten in unserer Familie, am Arbeitsplatz, in diesen und jenen Beziehungen, in unseren Pfarrgemeinden hören, dann bitten wir, dass Gott mit himmlischer Kraft eingreife und wirke. Wir dürfen in neuem kühnem Vertrauen bitten. Denn: Wie im Himmel, so auf Erden, das ist der Wille Gottes – auch heute bei uns!

Liebe Leserin, lieber Leser
Auch am Ende dieses Kapitels bleiben Fragen offen. Wirkliche Antworten finden wir nicht in Theorien, sondern nur im gelebten Leben. Und da hilft es, wenn wir wie Jesus den Willen Gottes als das Erstrebenswerte erachten, auch in dunklen Situationen. Dazu will uns das Teilnehmerheft verhelfen. Darum lade ich Sie ein, sich nun darin zu vertiefen.

4. Hunger – keine Frage der Ressourcen
Unser tägliches Brot gib uns heute

Hunger beschäftigt alle Menschen. Was den Hunger betrifft, geht ein tiefer Riss durch die Welt. Allein schon dadurch, dass die Güter der Menschen ungleich verteilt sind. In Deutschland, in der Schweiz und in Österreich gehören wir zu jenen 20%, die 80% des Vermögens besitzen. Wenn wir jammern, dass es uns schlecht geht, jammern wir auf hohem Niveau. Im Weltmassstab geht es uns – zumindest materiell – super gut!

So werden auf der einen Seite z. B. in der Schweiz jährlich ca. 250'000 Tonnen einwandfreie Lebensmittel vernichtet. Auf der andern Seite leiden auf dieser Welt über 800 Millionen Menschen an Hunger und 9 Millionen verhungern jährlich; das heisst umgerechnet: alle drei Sekunden verhungert ein Mensch.

Hunger und Überlebenskampf sind für uns Menschen ganz wichtige Themen – auch für die Bibel. So ist es kein Zufall, dass in der Mitte des Vaterunsers als vierte von sieben Bitten die Bitte steht: «Unser tägliches Brot gib uns heute».

Der Hunger und die Reaktionen des Menschen

Der Humanbiologe Adolf Portmann (1897-1982) bezeichnete den Menschen als ein «biologisches Mängelwesen». Von Geburt an sind wir Menschen mit Mängeln konfrontiert. Wir kommen im Vergleich mit andern Geschöpfen viel zu früh auf die Welt. Wir sind hilflos und unselbstständig und in all unseren Bedürfnissen auf die Hilfe von aussen angewiesen.

Der Hunger, die Bedürfnisse von uns Menschen sind sehr vielfältig. Wir können unsere Bedürfnisse drei ineinander übergreifenden Bereichen zuordnen:

1. Der Hunger des Leibes: Wir brauchen für unseren Leib gesunde Nahrung, gute Luft zum Atmen, die wärmende Sonne, frisches Wasser, ein Dach über dem Kopf, Kleidung, Gesundheit, Medikamente, usw.. Wir brauchen auch die Errungenschaften der Technik wie Strom, Auto, Computer, Internet … und vieles mehr.

2. Der Hunger der Seele: Der Mensch als soziales Wesen ist von Geburt an auf die menschliche Gemeinschaft angewiesen. Ohne Fürsorge und Zuwendung von Mitmenschen können wir nicht leben, wir brauchen Mitmenschen, die uns Annahme und Geborgenheit vermitteln. Zur Entfaltung unserer Persönlichkeit sind wir auf soziale Beziehungen, auf Kultur und Bildung angewiesen.

3. Der Hunger des Geistes: Weiter brauchen wir eine Aufgabe für unser Leben, Hoffnung und Perspektiven für eine lebenswerte Zukunft, einen Sinn, der unsere irdische Existenz überdauert. Geschaffen von Gott, zieht es den Menschen bewusst oder unbewusst an seinen Ursprung zurück. «Der Mensch ist unheilbar religiös!», so sagte es der russische Philosoph Berdjajew.

Das alles gehört zum Brot, das wir zum Leben brauchen. Die Frage ist: Wie können wir diesen riesigen und vielfältigen Lebenshunger stillen?

Nehmen aus Angst

Zwei hungrige Männer erhalten im Gasthaus auf einer Platte ein riesiges und ein kleines Schnitzel serviert. Sofort nimmt der eine das grosse Schnitzel. Darauf sagt der andere: «Wer anständig ist, nimmt immer zuerst das kleine.» Worauf der Erste fragt: «Hättest du zuerst das Kleine genommen?» «Ja», ist die Antwort. Darauf meint der Erste: «Jetzt hast du es ja auch!»

Aus Angst vor einem Mangel, aus Angst vor dem «Zu-kurz-Kommen», entscheiden sich viele Menschen, allein für sich selbst zu sorgen, nach dem Motto: «Nimm dir, was du brauchst. Nimm so viel du kannst. Schaffe dir Reserven, damit du auch in Zukunft keinen Mangel leidest.» Die logische Folge von diesem «Nimm dir» ist ein erbitterter Kampf um die Güter der Erde! Der Überlebenstrieb verleitet uns schnell zur Überlebensgier.

«Wir alle sind nur Gäste auf Erden» (Ps 119,19) – doch wir Menschen benehmen uns oft nicht wie Gäste, sondern wie Räuber. Viele Menschen berauben und betrügen einander. Wir berauben weiter auch die Erde. Habsucht und unersättliche Gier machen den Menschen im Konkurrenzkampf um die Ressourcen der Erde auch zum Feind der Schöpfung. Eine Folge ist die Zerstörung der Schöpfung. Die drohende Klimaerwärmung mit ihren katastrophalen Folgen (vor allem für die Armen) ist ein Aspekt dieser Gier.

Ein Sprichwort sagt: «Ein Reicher ist selten zufrieden. Ein Zufriedener ist immer reich.» Da ist etwas zu bedenken: Keine Gier kann gesättigt werden, wenn das Innerste leer bleibt. Wir alle brauchen etwas, was unser Inneres erfüllt und beglückt. Denn wer innerlich erfüllt ist, braucht wenig materielle Güter, um glücklich zu sein. So ist der Hunger in der Welt zutiefst auch eine spirituelle Frage, ein geistliches Problem.

Empfangen aus Vertrauen

In der Brotbitte verweist uns Jesus auf Jemanden, der mehr noch als die besten Eltern für uns da ist. Dieser herzensgute Vater weiss um unsere ganzheitliche Bedürftigkeit, und Er sorgt sich um uns. In einer solchen Gott-Gewissheit lässt sich unsere berechtigte Sorge um unser Leben ganz anders angehen.

Mit der Bitte *«gib uns»* lehrt uns Jesus, vertrauensvoll zum himmlisch-sorgenden Vater aufzublicken und Ihn zu bitten: «Vater, gib Du uns, was wir zum Leben brauchen.» *«Gib uns»* führt uns in die Haltung des Empfangens und der Dankbarkeit. Wie viel Brot soll uns der Abba-Vater geben? Das *«tägliche Brot»*. Doch was ist mit dem «täglichen Brot» gemeint? Das griechische Wort «ton epiusion», das mit *«täglich»* übersetzt wird, kennt mehrere Bedeutungen.

Es heisst einmal: das notwendige Brot. In diesem Sinn heisst die Bitte: «Gib uns das Brot, das wir nötig haben. Aber gib uns nur so viel, dass wir dabei das Wesentliche nicht aus den Augen verlieren.» Wir bitten also nicht um Überfluss!

Eine weitere Bedeutung von «ton epiusion» meint das übernatürliche Brot, das die Seele nährt. Von diesem Brot sprach auch Jesus: *«Der Mensch lebt nicht nur von Brot, sondern von jedem Wort, das aus Gottes Mund kommt» (Lk 4,4).*

Der himmlische Vater gibt uns das Brot

Auf verschiedene Weise will uns der himmlische Vater *«täglich»* das vielfältige Brot geben, das wir brauchen:

Das materiell-leibliche Brot

Wir bezeichnen in unserem Glaubensbekenntnis Gott als den *«Schöpfer des Himmels und der Erde.»* Wir glauben, dass Gott uns und alle Seine Geschöpfe durch Seine Schöpfung tagtäglich ernährt und am Leben erhält.

Wenn wir das Brot der Schöpfung von Ihm annehmen, führt uns das zur Dankbarkeit. In dieser Haltung des Empfangens und der Dankbarkeit wird der Mensch offener für seine Mitmenschen. Er kann auch von anderen Menschen annehmen und sich beschenken lassen. Er weiss: Nichts ist selbstverständlich. Alles ist Geschenk. Dann danken wir Gott für Seine guten Gaben. Da hat das Tischgebet vor dem Essen seinen wichtigen Platz.

Diese Dankbarkeit zeigt sich auch darin, dass wir sorgsam mit der Schöpfung umgehen, sie schützen, damit auch unsere Nachkommen von ihr leben können. Denn die Erde und ihre Güter gehören nicht uns, auch wenn wir etwas als Eigentum bezeichnen. Die Wahrheit ist: Die Erde gehört Gott, und wir sind nur Verwalter.

Das emotional-seelische Brot

Über die leiblichen Bedürfnisse hinaus hungern wir nach mitmenschlicher Nähe. Das emotional-seelische Brot erhalten wir in den sozialen Beziehungen der menschlichen Gemeinschaft: in der Zugehörigkeit zu einer Familie, einer Nation, einer Kultur, einer wirtschaftlichen Gemeinschaft sowie in den Bildungs- und Entfaltungsmöglichkeiten unserer Persönlichkeit. Das zeigt: Der himmlische Vater nährt uns auch durch andere Menschen.

Doch die Frage ist: Öffnen wir uns Seiner Sorge und Liebe durch andere? Nehmen wir z.B. das Angebot von Hilfe und Gemeinschaft usw. an oder verschliessen wir uns?

In der Brotbitte geht es um ein Mit- und Füreinander. Gott hat in Seinem Schöpfungsplan unser Zusammenleben so geordnet, dass wir einander Sein Brot geben können. Auch hier ist die richtige Haltung die Dankbarkeit. In der Dankbarkeit des Menschen den sozialen Einrichtungen und Gott gegenüber sehen wir zuerst das, was uns geschenkt ist. Diese Dankbarkeit ermutigt uns, für die Erhaltung und Förderung dieser guten Gaben Gottes für alle einzustehen. Der Plan Gottes, Brot allen geben zu wollen, verwirklicht sich dort, wo wir uns für weltweite Gerechtigkeit, Solidarität, Menschenrechte, Frieden und Freiheit engagieren.

Das geistig-geistliche Brot

Selbst wenn wir genug materiell-leibliches und emotional-seelisches Brot haben, spüren wir, dass uns noch etwas fehlt. Es gibt einen Hunger, eine Sehnsucht in uns, die tiefer geht. Es ist der Hunger nach der tiefsten Beziehung, derjenigen zu unserem Schöpfer.

Um diesen unseren Hunger zu stillen, gibt uns der himmlische Vater nicht *etwas*, sondern sich selbst, vor allem in Seinem Sohn Jesus Christus. So konnte Jesus in einem Streitgespräch mit den Juden sagen: *«... mein Vater gibt euch das wahre Brot vom Himmel. ... Ich bin das Brot des Lebens; wer zu mir kommt, wird nie mehr hungern» (Joh 6,32.35).*

Das Brot, das der Vater uns Menschen vom Himmel her gibt, ist Jesus Christus. Er ist die Antwort auf unser Suchen nach Sinn und Zukunft. Er ist die Nahrung für die tiefsten Sehnsüchte und Wünsche unserer menschlichen Existenz. Der himmlische Vater schenkt uns *«das Brot des Himmels»* in Jesus Christus in vielfältiger Weise.

– In der Heiligen Schrift

Gute Worte nähren. Von einem Wort der Auferbauung, von einem Lob, von einem Wort, das Hoffnung und Zukunft eröffnet, geht Kraft aus. Was schon von menschlichen Worten gilt, gilt noch viel mehr vom Wort Gottes. Jesus sagt dazu: *«Die Worte, die ich zu euch gesprochen habe, sind Geist und sind Leben» (Joh 6,63).*

Wir können aus der Begegnung mit Gottes Wort Kraft für unser Leben schöpfen, denn Gottes Wort nährt. So ist das erste «Gebetsbuch» für uns die Bibel. Denn: «Die Schrift nicht kennen, heisst Christus nicht kennen!» (Hieronymus).

– **In der heiligen Eucharistie**

Franziskus hat die Brotbitte des Vaterunsers ganz auf Jesus und die Eucharistie gedeutet. Die tägliche Eucharistiefeier war bei Franziskus für die Seele genauso wichtig wie das tägliche Brot für den Leib. Diese Nährkraft der Eucharistie kann überraschen.

Doch Jesus hat dazu sehr eindrücklich gesagt: *«Mein Fleisch ist wirklich eine Speise, und mein Blut ist wirklich ein Trank. Wie mich der lebendige Vater gesandt hat und wie ich durch den Vater lebe, so wird jeder, der mich isst, durch mich leben» (Joh 6,55.57).*

An anderen Heiligen, z. B. Nikolaus von Flüe, bestätigt sich die Nährkraft der Eucharistie. Er nahm – ausser des Leibes Christi – zwanzig Jahre lang keine andere Speise zu sich. Er lebte also buchstäblich von der Eucharistie.

– **In der Gabe des Heiligen Geistes**

Bevor Jesus als Auferstandener Seine Jünger in alle Welt hinaussandte, sagte Er ihnen etwas ganz Wichtiges: *«Bleibt in der Stadt, bis ihr mit der Kraft aus der Höhe erfüllt werdet» (Lk 24,49).* Das heisst: «Ihr müsst nicht aus eigener Kraft handeln. Ihr müsst nicht allein mit euren eigenen Fähigkeiten wirken. Öffnet euch dem Heiligen Geist. Er will eure Kraft sein, euch führen und durch euch wirken.»

– **In der Gemeinschaft der Kirche**

Gott stillt unseren Hunger nach Annahme und Geborgenheit, indem Er uns Schwestern und Brüder schenkt, mit denen wir unser Innerstes teilen können und durch die unser Innerstes genährt wird.

Darum hat Jesus von Anfang an die Jüngerinnen und Jünger nicht in ein individuelles religiöses Leben, sondern in eine Gemeinschaft um Ihn herum gerufen. In dieser Gemeinschaft ist Er gegenwärtig, und so nährt Er uns.

Aus Vertrauen (aus der Vorsehung) leben

Das Vaterunser und besonders diese Bitte lehren uns, der Sorge Gottes um uns zu vertrauen und entsprechend zu leben. Vertrauen in die Vorsehung Gottes entspannt. Doch solch ein Leben müssen wir neu lernen. Als die Jünger schon einige Zeit mit Jesus unterwegs waren, rief Jesus *«ein Kind herbei, stellte es in ihre Mitte und sagte: Amen, das sage ich euch: Wenn ihr nicht umkehrt und wie die Kinder werdet, könnt ihr nicht in das Himmelreich kommen.» (Mt 18,1–3).*

Jesus meint damit etwas ganz Spezifisches. Kinder können gut spielen. Sie sind oft so vertieft darin, dass sie alles um sich herum vergessen. Kinder können unbeschwert, fröhlich und sorglos leben. Warum? Kinder wissen: Die Eltern sind für uns da. Sie sorgen sich um uns. Kinder können sich ganz dieser Sorge ihrer Eltern überlassen. Das macht sie so frei. So leben sie ganz natürlich im Hier und Jetzt.

Wir Erwachsenen leben hingegen mit unseren Gedanken oft entweder in der Vergangenheit oder in der Zukunft, aber nicht im Heute. Diese Bitte lädt uns ein, wie Kinder aus dem Vertrauen zu leben. Dazu wollen wir drei Aspekte betrachten:

1. Der Abba-Vater nährt uns täglich neu

Im Reich Gottes zu leben heisst, aus dem Vertrauen leben, dass der Abba-Gott uns täglich neu das gibt, was wir brauchen. Täglich neu will der himmlische Vater uns nähren, uns Kraft, Hilfe, Trost, Erfüllung, Führung, Frieden usw. zukommen lassen. Wie auch immer Ihre Lebenssituation aussieht: Ob Sie es im Moment schwer haben oder nicht; ob Sie jung oder alt oder dazwischen sind; ob Sie verheiratet, ehelos, geschieden oder verwitwet sind; ob Sie gesund, krank, trauernd, in einer depressiven Phase oder in einem «Hoch» sind: In allen Situationen will Er uns täglich neu Sein Brot, Seine Kraft, Seinen Frieden geben, damit wir die jeweilige Phase unseres Lebens gut bewältigen können.

Therese von Lisieux, die am Ende ihres Lebens ein ganz schweres Leiden zu tragen hatte, fand in dieser schwierigen Situation Worte des Vertrauens: «Ich leide immer nur von Augenblick zu Augenblick, von Minute zu Minute. Wenn ich mir heute schon vorstelle, morgen kommt es noch schlimmer, verliere ich den Mut. Aber wenn ich es morgen noch schwerer habe, wird Er mir auch mehr Kraft geben!» So will uns der himmlische Vater Tag für Tag nähren.

2. Im Heute leben

Franz von Sales sagte: «Meine Vergangenheit kümmert mich nicht mehr, sie gehört dem göttlichen Erbarmen. Meine Zukunft kümmert mich noch nicht, sie gehört der göttlichen Vorsehung. Was kümmert und fordert, ist das Heute. Das aber gehört der Gnade Gottes und der Hingabe meines guten Willens.»

Im Heute zu leben heisst, sich aus Enttäuschungen und Vergangenheitsfixierungen zu lösen. Wir dürfen vertrauen, dass Gott unsere gemachten Fehler in Seinen Heilsplan einbauen wird. Dann müssen wir uns nicht mehr mit den Fragen quälen: «Was haben wir falsch gemacht?» Wir dürfen unsere Vergangenheit der Barmherzigkeit Gottes überlassen und uns stattdessen dem Jetzt zuwenden: «Was möchtest Du jetzt von uns? Was möchtest Du jetzt durch uns tun? Was hast Du jetzt mit meinem Leben vor?»

Im Heute und leben heisst: Der wichtigste Augenblick ist immer der, der gerade jetzt ist. Der wichtigste Ort ist immer der, an dem du dich gerade jetzt befindest. Die wichtigste Tat ist immer die, die du gerade jetzt im Augenblick zu tun hast. Der wichtigste Mensch ist immer der, welcher dir gerade jetzt gegenübersteht und dich braucht.

3. Einander Brot sein

Wo Menschen im Heute leben und der Fürsorge Gottes vertrauen, werden «Wunder» zur Alltagserfahrung. Das zeigt Jesus in der Brotvermehrung. Sechsmal ist in den Evangelien die Geschichte von der Brotvermehrung erzählt *(vgl. Mk 6,30–44).*

Alle Erzählungen von der Brotvermehrung haben eine entscheidende Vorgeschichte. Sie besteht hier in dem Satz: *«Jesus lehrte sie lange, denn sie waren wie Schafe, die keinen Hirten haben» (Mk 6,34).* Das heisst, es fehlt den Menschen eine ruhige, sichere, vorausschauende und klare Führung. Es fehlt ihnen eine gemeinsame Orientierung. Dadurch fehlt ihnen der Zusammenhalt und die innere Sicherheit. Das macht sie anfällig für verschiedenste negative Einflüsse und Verführungen.

Darum lehrte Jesu sie lange das Leben im Reich Gottes. Er sprach von der Güte und Sorge des himmlischen Vaters, der wie ein Hirte für sie sorgt. Die Menschen hörten Ihm zu. Dieses Zuhören veränderte etwas in ihnen. Hoffnung, Zuversicht und neue Lebensperspektiven gingen wie die Sonne vor ihnen auf. Das hatte Folgen. Sie lernten, den Worten Jesu zu vertrauen.

– Dem Wort Jesu vertrauen

Als am Abend die Jünger die Leute wegschicken wollen, damit sie sich in den umliegenden Dörfern zu essen kaufen können, wird Jesus aktiv. Er sagt zu ihnen: «Gebt ihr ihnen zu essen. Was habt ihr? Schaut nach!» *«Fünf Brote und ausserdem zwei Fische» (Mk 6,38)*, ist ihre Antwort. Nicht gerade viel für so viele Leute.

Die Jünger vertrauen Jesus und geben Ihm alles, was sie haben: Ihre fünf Brote und zwei Fische. Sie behalten nichts zurück als sichere Reserve. Vertrauensvoll stellen sie alles Jesus zur Verfügung.

Nun gibt Jesus Anweisungen, und die Jünger geben diese Anweisungen einfach weiter. Sie verstehen nicht, warum die Leute sich in Gruppen setzen sollen, wo doch nichts zu essen da ist. Doch sie tun es. Erst später in ihrem Leben haben sie verstanden, dass der himmlische Vater in der Gemeinschaft, im Mit- und Füreinander Sein Brot geben will.

Dann dankt Jesus für die Güte Seines Vaters, für die Brote und Fische. Er legt die Gaben und die Menschen ganz in die Hände Seines Vaters und unter die Kraft Seines Segens. Aus den Vaterhänden gibt Er nun Brot und Fisch zum Austeilen. Und die Jünger teilen Brot für Brot, Fisch für Fisch aus, immer neu! Sie behalten nichts für sich: Ein Fluss des Gebens und Empfangens.

– Der eigentliche Gewinn

Die Folge solchen Vertrauens ist umwerfend. Alle fünftausend Männer, mit ihren Frauen und Kindern vielleicht zwanzigtausend Menschen, wurden satt. Nicht nur das: Am Ende bleiben noch zwölf Körbe voll! Aus fünf Broten zwölf Körbe voll – eine unglaubliche Vermehrung. Doch der eigentliche «Gewinn» ist die Vermehrung von Freude und Gemeinschaft. Denn die Menschen erfahren, dass sie einen Vater haben, der himmlisch für sie sorgt!

– Zuerst geben

Heute gibt es mehr als genug Nahrung auf der Welt. Die Wissenschaftler sagen, dass Ressourcen noch für zwei bis vier Milliarden zusätzliche Menschen vorhanden sind. Niemand müsste hungern. Paulus weist jedoch auf das Problem hin: *«Die Wurzel allen Übels ist die Habsucht» (1 Tim 6,10).* Wir können sagen: Die Wurzel allen Übels ist das Misstrauen in Gottes Fürsorge.

Als Töchter und Söhne, die um die Sorge des Vaters wissen, sind wir berufen, so vertrauensvoll und grosszügig zu leben, dass andere Lust auf ein solches Leben bekommen. Das heisst: zuerst geben. Wer gibt, hat die Hand frei, wieder zu empfangen. So leben wir im Fluss des Gebens und Empfangens. Niemand würde sehr reich, aber alle hätten mehr als genug. In der Freude über das gegenseitige Geben und Empfangen würde die Freude und die Herrlichkeit unseres Vaters offenbar. Das wäre Leben im Reich Gottes, in dem Gottes Liebe regiert!

Sorgen anvertrauen und loslassen

Im Blick auf den himmlischen Vater können wir «anders» mit unseren Sorgen umgehen. Jesus hat davon gesprochen, dass wir alles ängstliche Sorgen loslassen sollen: *«Sorgt euch also nicht um morgen; denn der morgige Tag wird für sich selbst sorgen. Jeder Tag hat genug eigene Plage» (Mt 6, 34).* Vielleicht denken Sie: Es ist schnell gesagt, «sorgt euch nicht», aber was ist, wenn die Sorgen einfach kommen? Dazu sagt Petrus: *«Werft all eure Sorgen auf ihn, denn er kümmert sich um euch» (1 Petr 5,7). «Werft»* – wie geht das?

Viele Christinnen und Christen tragen einen schweren Rucksack voller Sorgen. Damit gehen sie zu Jesus oder zum Vater und packen im Gebet den Rucksack aus: «Schau, diese Sorge plagt mich, und dann ist da noch dieses und jenes, ja, und das plagt mich auch noch.»

Wenn sie so alles vor den Vater hingelegt haben und mit dem Gebet fertig sind, packen sie alle Sorgen wieder ein, nehmen sie auf den Rücken und gehen weiter.

Es geht aber nicht darum, dass wir die Sorgen zeigen, sondern, dass wir sie dem Vater wirklich geben! Dies hat zur Voraussetzung, dass ich die Sorgen wirklich abgeben *will*. Das ist gar nicht so selbstverständlich. Denn ein Mensch mit vielen Sorgen kann sich deswegen als wichtig und bedeutend vorkommen. Doch das ist nicht das Leben im Reich Gottes. Dort geben wir unsere Sorgen dem himmlisch-sorgenden Vater.

Die nun folgenden drei Schritte sind Anregungen für die Praxis:

1. Wir entscheiden uns, dem Abba-Vater zu vertrauen

Wir sprechen unsere Sorgen vor Gott konkret aus: «Vater, ich gebe Dir diese Sorge, bitte kümmere Du Dich darum.» Es kann hilfreich sein, wenn wir unsere Sorgen aufschreiben. Dann wissen wir, dass wir sie Ihm – sogar schriftlich – gegeben haben.

Dabei müssen uns zwei Dinge klar sein, die mit dem Eigentum zu tun haben. Einmal geben heisst wirklich geben. Wir haben oft die grösste Mühe, Gott wirklich ernst zu nehmen. Doch wenn wir dem Vater (oder Jesus) unsere Sorgen gegeben haben, dann gehören sie nicht mehr uns.

Das Zweite ist: Wenn wir die Sorgen, z. B. um unsere Zukunft, um unsere Kinder ... dem Vater geben, dann verzichten wir darauf, dass diese sich nach unseren Vorstellungen entwickeln müssen. Mit dem Übergeben unserer Sorgen geben wir auch die Vorstellung, wann und wie sich diese Sorgen und Anliegen lösen sollten, aus der Hand. Wir lassen los. Solches Loslassen ist ein Opfer. Denn über alles, was wir übergeben haben, darf nun der Vater in Seiner Liebe und Weisheit bestimmen. Wir sind bereit, den Vater wirken zu lassen und aus Seiner Hand zu empfangen, wie Er es fügen wird.

2. Danken als Zeichen des Vertrauens

Als Zeichen unseres Vertrauens danken wir Ihm, dass Er die Sorgen übernommen hat und bereits angefangen hat, sie zu erledigen. Wenn die Sorge eine halbe Stunde später oder am nächsten Tag uns wieder beschäftigen möchte, dann können wir beten: «Vater, jetzt denke ich schon wieder an die belastende Sorge. Aber ich danke Dir, dass dies jetzt Deine Sorge ist, und dass Du Dich darum kümmerst.»

3. Unsere Verantwortung wahrnehmen

Das führt zu Fragen wie: Ist es nicht zu einfach, alles Gott zu überlassen? Drücken wir uns da nicht vor der Verantwortung?

Dazu eine Geschichte: Eine Frau pflegte liebevoll und mit viel Hingabe ihren Garten. Eines Tages kam der Pfarrer vorbei und staunte, wie die Blumen, das Gemüse und die Früchte wuchsen. Da sagte er zur Frau: «Wie herrlich sorgt sich doch der himmlische Vater um alles. Einfach wunderbar! Wie schön Er alles wachsen lässt. Gottes Sorge ist gross!» Die Frau pflichtete ihm bei. Doch als er in den folgenden Wochen dasselbe immer wieder sagte, wurde sie ärgerlich und sagte eines Tages: «Schon recht, Herr Pfarrer, aber ich sage Ihnen, Sie hätten diesen Garten vor zehn Jahren sehen sollen, als sich der liebe Gott noch ganz allein um ihn kümmerte!»

Der himmlische Vater nährt die Vögel des Himmels, aber Er lässt ihnen weder die Nahrung in den Schnabel fallen, noch baut Er ihnen ihre Nester. Sie selbst müssen die Nahrung suchen. Sie selbst bauen ihre Nester. Das ist ihr Beitrag. So sollen auch wir den Besitzer unserer Sorgen bitten: «Lass mich erkennen, welche Mitarbeit Du von mir zur Lösung dieses Problems erwartest.» Das gilt es voll Entschiedenheit und mit ganzer Hingabe zu tun.

Was sich mit einer solchen Sorgenübergabe ändert, zeigt ein chinesisches Sprichwort: «Du kannst nicht verhindern, dass Sorgen wie Vögel über dir kreisen. Aber du kannst verhindern, dass sie auf deinem Kopf Nester bauen.» Die Sorgen erdrücken uns nicht mehr. Ein anderer trägt die Hauptlast. Wir leben freier und gelassener.

Wenn Gott sich um unsere Sorgen kümmert, haben wir die Hände frei, uns um die Sorgen anderer zu kümmern und ihnen *das Brot* zu geben, das der himmlische Vater ihnen *durch uns* geben möchte. Das ist Leben im Reich Gottes!

Liebe Leserin, lieber Leser

So vielgestaltig diese Bitte ist, so vielschichtig ist auch dieses Kapitel geworden. Doch auch hier gilt: Nicht das Wissen um den Weg, sondern das Gehen des Weges bringt uns weiter. Denn das Vertrauen in Gottes Vor- und Fürsorge will eingeübt werden. Dazu kann das Teilnehmerheft eine Hilfe sein.

5. Vergebung – Penicillin für die Gemeinschaft *Vergib uns unsere Schuld*

Gott sorgt sich um uns, aber es braucht unser Mitwirken. So will Er durch uns anderen *Sein Brot* geben, und Er will, dass wir von anderen *Sein Brot* empfangen. Solches Geben und Empfangen setzt heile Beziehungen voraus. Nur in heilen Beziehungen können wir Liebe annehmen und Liebe geben. Nur in heilen Beziehungen kann die Liebe fliessen.

Heile Beziehungen gründen auf Vergebung. Wie Penicillin Krankheiten heilt, so heilt Vergebung unsere Beziehungen. Der himmlische Vater möchte unser Leben und unsere Beziehungen heilen, einfach deswegen, weil Er uns so sehr liebt!

«Vergib uns unsere Schuld». Die Worte *«uns»* und *«unsere»* Schuld weisen in dieser Bitte auf das Mit- und Füreinander in der Menschheitsfamilie hin. Jesus lehrt uns in dieser Bitte, füreinander einzutreten und mitzuwirken, dass alle im Volk Gottes sich gegenseitig versöhnen, dass Seine Liebe in allen Beziehungen fliesst. Dazu braucht es unser aktives Mitwirken.

Biblische Akzente

Wenn wir diese Bitte in der biblischen Überlieferung betrachten, entdecken wir eine Überraschung. Bei Matthäus heisst es: *«Und erlasse uns unsere Schulden, wie auch wir sie unseren Schuldnern erlassen haben» (Mt 6,12).*

Materieller Schuldenerlass

Dieser Text bezieht sich vorerst auf das Nachlassen wirtschaftlicher Schulden. Zur Zeit Jesu – wie weltweit auch heute – lebten die meisten Menschen in Armut. Materielle Sorgen und der Kampf ums Überleben standen im Vordergrund. Einander materielle Schulden zu erlassen, war für viele eine Notwendigkeit, um menschenwürdig leben zu können.

Gott liegt die Gerechtigkeit unter allen Menschen und besonders in Seinem Volk sehr am Herzen. So wurde nach der Landnahme Israels das neue Land unter die Stämme und Familien aufgeteilt. Mangel an Begabungen, persönliche Notlagen und vieles mehr konnte dazu führen, dass das Land verkauft werden musste. Aber weil Gott nicht ein immer grösseres Auseinanderklaffen von Arm und Reich wollte, gab Er Seinem Volk ein Gesetz, durch das die Grundverhältnisse alle 50 Jahre wieder ausgeglichen werden sollten.

«Erklärt dieses fünfzigste Jahr für heilig und ruft Freiheit für alle Bewohner des Landes aus! Es gelte euch als Jubeljahr. Jeder von euch soll zu seinem Grundbesitz zurückkehren, jeder soll zu seiner Sippe heimkehren» (Lev 25,10). Aller Grund und Boden musste dem ursprünglichen Besitzer zurückgegeben werden und die Sklaven durften zu ihrer Sippe heimkehren. So konnten alle wieder neu beginnen. Dieses Jubeljahr, auch «Halljahr» genannt, war der Zeitpunkt des Neubeginns, das Zeichen der Grossherzigkeit Gottes.

Stellen wir uns vor, das Jubeljahr würde heute alle fünfzig Jahre durchgeführt. Alle fünfzig Jahre würden alle Güter der Erde gleichmässig neu auf alle verteilt. Alle hätten wieder die gleichen Chancen. Ein faszinierender Gedanke, der uns eine Ahnung dessen vermittelt, was Reich Gottes heisst.

Entschuldung in Beziehungen

Eine solche Neuverteilung der Güter bedarf einer ganz entscheidenden Voraussetzung: Vertrauen. Nur in heilen, vertrauensvollen Beziehungen ist eine solche Entschuldung überhaupt denkbar. Deshalb finden sich beim Evangelisten Matthäus am Ende des Vaterunser folgende Verse: *«Wenn ihr den Menschen ihre Verfehlungen vergebt, dann wird euer himmlischer Vater auch euch vergeben. Wenn ihr aber den Menschen nicht vergebt, dann wird euch euer Vater eure Verfehlungen auch nicht vergeben» (Mt 6,14-15).*

Hier fällt auf, dass die Versöhnung mit Gott an die Versöhnung untereinander geknüpft ist. Jesus lehrt uns, dass nur jene Menschen Gottes Vergebung annehmen können, die auch ihren Mitmenschen vergeben. Es gibt keine Gemeinschaft mit dem himmlischen Vater, die die Gemeinschaft der Menschen untereinander ausschliesst.

Im Judentum ist eines der höchsten Feste der «Tag der Versöhnung», der «Jom Kippur». Das rabbinische Schrifttum schreibt dazu, dass dem Versöhnungstag, an dem die Schuld zwischen Mensch und Gott gesühnt wird (vertikale Versöhnung), die sogenannten «Zehn Tage der Umkehr» vorauszugehen haben. Diese zehn Tage sind der horizontalen Versöhnung, der Versöhnung unter den Menschen gewidmet. Der Versöhnung unter den Menschen wird also zehnmal mehr Zeit eingeräumt als der Versöhnung zwischen Gott und den Menschen.

Vergib, damit auch wir ...

Unsere heutige Formulierung: *«Vergib uns unsere Schuld, wie auch wir vergeben unseren Schuldigern»* zeigt uns deutlich die Verbindung zwischen horizontaler und vertikaler Versöhnung. Dabei betont sie, dass Gottes Liebe uns hilft, unsererseits zu verzeihen.

Das ahnte auch der Knabe in der folgenden Geschichte: Ein Familienvater hatte die Gewohnheit, jeden Abend seine Kinder mit einem Kreuzzeichen auf die Stirn zu segnen. Eines Tages war einer seiner Söhne besonders schwierig gewesen, und der Vater beschloss, ihn dadurch zu bestrafen, dass er ihm keinen Segen gab.

Doch der Sohn wartete abends im Bett mit Ungeduld auf den Segen seines Vaters, und als das Kreuzzeichen nicht kam, begann er zu schluchzen: «Papa, du bist ein Lügner! » Der Vater bat um eine Erklärung, und der Sohn sagte: «Jeden Abend sagst du, du gebest mir den Segen Gottes. Wenn das wirklich wahr wäre, dann gäbest du mir ihn auch heute Abend, weil ich unerträglich war und ihn nötiger habe als sonst, damit ich aus meinem Zorn herauskommen kann.» Der Segen, die unverdiente Erfahrung von Liebe und das Verzeihen des Vaters hätten dem Buben geholfen, den Zorn loszulassen und zu vergeben.

Bedingungslose Vergebung heilt

Störungen und Verletzungen in unseren Beziehungen entstehen immer wieder. Wir sind unheile und verletzte Menschen, unsere Eltern waren unheile und verletzte Menschen, und alle andern Menschen sind es auch. So können wir einander verletzen, obwohl wir das gar nicht wollen. Das ist die Tragik unseres Menschseins. Dann immer nach den Schuldigen zu suchen und diese anzuklagen, ist verpuffte Energie. Da hilft nur eines: Vergebung.

Vergebung, wie oft?

Vergebung ist nicht einfach. Das wussten bereits die Jünger Jesu. Petrus beschäftigte einmal die Frage, wie oft sie einander vergeben müssten. *«Da trat Petrus zu ihm (Jesus) und fragte: Herr, wie oft muss ich meinem Bruder vergeben, wenn er sich gegen mich versündigt? Siebenmal? Jesus sagte zu ihm: Nicht siebenmal, sondern siebenundsiebzigmal» (Mt 18,21–22).* Für Petrus ist das Verzeihen keine Frage. Sieben Mal ist mehr als das Soll, denn nach jüdischem Recht muss man nur dreimal verzeihen. Aber Jesus verlangt mehr. Gegen siebenmal setzt Er siebenundsiebzigmal. Das heisst: Hör auf zu zählen! Verzeih, sooft es nötig ist.

Jesus lädt uns ein, unsere engen menschlichen Massstäbe jedes Rechnens und Zählens zu überschreiten: Immer und bedingungslos sollen wir verzeihen. Doch mit dieser Aufforderung stossen wir schnell an unsere Grenzen. Denn oft knüpfen wir Bedingungen an unsere Vergebung:

- Ich vergebe schon, wenn du damit aufhörst. (Dabei sei darauf hingewiesen, dass wir nie einfach alles akzeptieren müssen. Im Gegenteil: Widerstand und Klarstellungen sind in manchen Situationen Ausdruck der Liebe und notwendig.)
- Ich vergebe schon, wenn du deine Schuld eingestehst und mich um Verzeihung bittest.
- Ich vergebe schon, aber nur noch einmal.

Doch Jesus akzeptiert keine Bedingungen. Das verdeutlicht Jesus mit dem anschliessenden Gleichnis. Am Ende des Gleichnisses heisst es: *«Und in seinem Zorn übergab ihn der Herr den Folterknechten, bis er die ganze Schuld bezahlt habe. Ebenso wird mein himmlischer Vater jeden von euch behandeln, der seinem Bruder nicht von* ***ganzem Herzen*** *vergibt» (Mt 18,34–35).* Jesus fordert klar die Vergebung mit ganzem Herzen.

Wenn wir verletzt, beleidigt und erniedrigt werden, ist es schon viel, wenn wir nicht zurückschlagen und schweigen mit dem Gedanken: «Ich wünsche dieser Person nichts Böses, aber ich will sie nicht mehr sehen.» So wichtig und oft auch notwendig eine Zeit der örtlichen Distanz zur Heilung von Verletzungen sein kann, ist dies doch noch nicht die Lösung des Reiches Gottes.

Diese besteht in der Wiederherstellung aller Beziehungen durch die bedingungslose Liebe Jesu. Das kann ein langer Weg sein, der in dieser Welt beginnt, aber erst in der Ewigkeit die ganze Verwirklichung findet.

Folgen von Unversöhntheit

Beim Verzeihen ist Jesus ganz radikal. Warum? Unversöhntheit und Groll können zu seelischen und körperlichen Krankheiten und Störungen führen. Groll zerstört den Menschen von innen her. Er raubt dem Menschen den Frieden, vergiftet und verhärtet das Herz. Ein hartes Herz kann kaum Liebe empfangen und schenken.

Unversöhntheit ist wie eine offene Wunde. Solange noch schmutzige Fremdkörper in der Wunde sind, wird diese immer wieder eitern und schmerzen. Wunden können erst heilen, wenn sie ganz desinfiziert sind. So ist es auch in unserem Herzen. Solange wir noch einen Vorwurf, eine Bitterkeit behalten, solange wir noch jemandem etwas heimzahlen wollen, öffnet dies immer neu die Wunde in uns.

Durch unsere Unversöhntheit binden wir uns an andere Menschen und werden dadurch selbst unfrei. Im Volksmund sagen wir: «Ich trage dem anderen etwas nach.» Meist geschieht dieses Nachtragen in unseren Gedanken. Vielleicht haben Sie auch schon gemerkt, dass uns belastende Gedanken an eine bestimmte Person, die uns verletzt hat oder der wir etwas heimzahlen möchten, ständig verfolgen. Wir selbst werden dadurch unfrei.

Unversöhntheit kann auch Folgen für andere Menschen haben. Durch das Festhalten an Vorwürfen können wir anderen Menschen wie unsichtbare Fesseln anlegen. Solange wir Menschen verurteilen, schlecht über sie denken und reden, solange vermindern wir ihre Chance, dass sie sich ändern, weil wir sie auf ihre Vergangenheit fixieren! In diesem Bereich können wir im engsten Beziehungsumfeld sehr unbarmherzig sein. Wir «nageln» andere auf Vergangenes fest.

Unversöhntheit schmerzt unseren Abba-Vater sehr. Denn Unversöhntheit ist das grösste Hindernis für das Reich Gottes. Wo wir in Teams, Gruppen, Gemeinden unversöhnt sind, blockieren wir damit Gottes Wirken. Deshalb können viele Sein Heil, Seine Liebe und Sein Licht, das der himmlische Vater durch uns den Menschen schenken möchte, nicht erfahren.

Aus diesen Gründen will Jesus bei der Versöhnung keine Halbherzigkeiten. Er will unser aller Heil und Glück, und Er wirkt dieses auch durch unsere Vergebung «ohne Wenn und Aber», d. h. aus ganzem Herzen. Es ist ein Geschenk, dass wir uns immer wieder auf den Versöhnungsweg begeben dürfen. Denn Versöhnung tut allen gut, nicht zuletzt uns selber. Sie bringt Segen in unser Leben.

Störendes entdecken ...

Unversöhntheit können wir entdecken, wenn wir uns selbst, Gott oder anderen Menschen nicht mehr ganz in die Augen schauen können. Etwas Störendes ist dann da. Es kann sich dabei um Verletzungen, Enttäuschungen oder unbereinigte Schuld handeln.

Der Begegnung mit dem Unangenehmen versuchen wir meist auszuweichen. Wir möchten Peinliches und eigene Schuld lieber nicht anschauen. So sind wir geneigt, unangenehme Erinnerungen zu verdrängen. Manchmal geschieht dies so automatisch, dass wir es selbst gar nicht mehr wahrnehmen.

Dann passiert Ähnliches, wie wenn eine Hausfrau (oder ein Hausmann) in der Küche alle Abfälle einfach unter den Teppich wischen würde. Mit der Zeit fault alles und fängt furchtbar an zu riechen. Das ist die Erfahrung von Menschen, die ihre Schuld und das Unangenehme verdrängen. Auf einmal mag man sich selbst und das Leben nicht mehr riechen. Man beginnt sich selbst zu hassen. Oft weiss man nicht, woher diese Gefühle kommen.

So können manche Ängste, die Menschen tief in sich tragen, ihren Grund in unbereinigter Schuld haben. Das Verdrängte wirkt störend in der Tiefe unseres Unbewussten weiter. Doch es sehnt sich danach, angeschaut und angenommen zu werden. Denn: *«Alles, was aufgedeckt ist, wird vom Licht erleuchtet» (Eph 5,13).* Wo Licht hinkommt, wird Wandlung möglich.

Eine andere Form, der Störung im eigenen Herzen auszuweichen, kann sich in Anklage und Beschuldigungen der andern zeigen. Dabei machen wir andere verantwortlich für unseren Schmerz. Doch Heilung stellt sich erst dann ein, wenn wir aufhören, andere zu beschuldigen, wenn wir aus der Opferrolle aussteigen und die Verantwortung für unsere Reaktionen selbst übernehmen.

Störendes können wir entdecken:

... in der Beziehung zu uns selbst

Der französische Schriftsteller Georges Bernanos (1888-1948) hat folgenden Satz formuliert: «Es ist leichter als man glaubt, sich selbst zu hassen.» Eine Form, sich selbst zu hassen ist sich abzulehnen, das eigene Innerste zu unterdrücken. Oft möchten wir vieles anders in uns haben.

Diese Störungen in der Beziehung zu uns selbst gilt es wahrzunehmen und anzuschauen.

... «Gott» gegenüber

Wer kennt nicht den Vorwurf: «Wie konnte Gott das alles nur zulassen?» Wir können Gott Vorwürfe machen im Hinblick auf unsere Schwächen, Behinderungen, Verletzungen und Enttäuschungen, wie auch, dass Er uns so geschaffen hat, wie wir sind.

Wir können uns innerlich auflehnen gegen Gott, weil vieles nicht so ist, wie wir es gerne hätten. Das kann zur inneren Distanzierung führen, wie eine 16-jährige, deren Cousin an Krebs erkrankt ist, zur Mutter sagte: «Mit diesem Gott, der so etwas zulässt, will ich nichts zu tun haben.»

Solche Beziehungsstörungen Gott gegenüber, die sich in unseren Gefühlen festsetzen können, zeigen, wo in uns Widerstände und Mauern Gott gegenüber da sein können.

… in der Beziehung zu den Mitmenschen

Wir alle erfahren Unrecht und verletzen selbst immer wieder andere Menschen; oft sogar, ohne dass wir es merken. Besonders tief sind Verletzungen bei Menschen, die uns nahe stehen, mit denen wir zusammenleben oder zusammengelebt haben, (z. B. Eltern, Partner, …).

Solche Verletzungen können zu Vorwürfen, inneren Vorbehalten und Mauern und damit zu Beziehungsstörungen führen. Manchmal können wir Beziehungsstörungen entdecken, wenn wir unsere Selbstgespräche beobachten oder überlegen, welchen Personen gegenüber wir Missgunst und Groll empfinden.

… der Kirche und Institutionen gegenüber

Beziehungsstörungen sind bei Gläubigen oft der eigenen Pfarrgemeinde, der Kirchenleitung, Rom oder dem Papst gegenüber da. «Die Kirche müsste doch endlich…» Solcher Ärger kann sich von einer tief sitzenden Auflehnung nähren.

Das heisst jedoch nicht, dass berechtigte Kritik an Missständen nicht geäussert werden soll und muss. Doch solche berechtigte Kritik soll in aufbauender Weise vorgebracht werden, und sie darf nicht als Vorwand dienen, sich selbst notwendigen Wandlungsschritten zu verschliessen.

Groll und Vorwürfe können auch gegenüber Institutionen, dem Staat, politischen Gremien, Vereinen, dem Arbeitgeber, gegenüber Gruppen oder gegenüber Nationen da sein.

Der Weg des Verzeihens

Zum Prozess des Heilwerdens gehört es, dass wir unsere Störungen anschauen, sie annehmen und dann Jesus, unserem Erlöser, zur Heilung übergeben. Damit Jesus uns heilen kann, braucht es unser Verzeihen und unsere Bitte um Vergebung.

«Ich verzeihe schon, aber vergessen werde ich es nie! », sagte mir einmal eine Frau. Doch entscheidend ist nicht das Vergessenkönnen, sondern das Vergessenwollen. Darum die Frage: Was bedeutet Verzeihen?

Verzeihen ist eine Entscheidung

Verzeihen bedeutet nicht: klein beigeben und einfach alles schlucken. Verzeihen bedeutet nie, das Böse nicht mehr böse und das Falsche nicht mehr falsch zu nennen. Verzeihen bedeutet nicht, Strukturen, die unterdrücken, so sein zu lassen, wie sie sind. Verzeihen bedeutet nicht, Unrecht und Unterdrückung von Menschen, Systemen und Strukturen zu tolerieren oder zu akzeptieren. Im Gegenteil: Oft braucht es um der Wahrheit und Gerechtigkeit willen den Konflikt, die Auseinandersetzung.

Doch die innere Haltung ist bei dieser Auseinandersetzung geprägt von Barmherzigkeit. Es geht nicht ums «Recht-haben-Wollen», sondern um die Frage: Wie können wir uns jetzt Gottes Liebe öffnen? Wie kann jetzt Gottes Liebe am besten etwas bewirken, lösen und verändern?

Verzeihen ist eine Tat unseres Willens. Es ist die klare Entscheidung: Ich fixiere dich nicht mehr auf deine Vergangenheit und trage es dir nicht mehr nach. Ich bringe all meine Vorwürfe dir gegenüber zu Jesus ans Kreuz. Dort sollen sie sterben. Ich will neu anfangen mit dir. Ich will dich so annehmen, wie du jetzt bist.

Verzeihen geschieht im Vollzug der Entscheidung: «Ich verzeihe dir!» Dieses Aussprechen ist besonders wichtig, wenn schmerzliche und beklemmende Gefühle in uns da sind. Das Aussprechen eröffnet einen Weg. Es setzt neue Kräfte frei.

Was immer Menschen verletzt, im Leben behindert und getrennt hat, muss in die Vergebung eingetaucht werden. Vergebung aus dem Geist Jesu ist die Kraft, die die Welt verändert. Als Töchter und Söhne des himmlischen Vaters sind wir gerufen zu vergeben, bevor die anderen das Unrecht einsehen oder zugeben. Wir sind gerufen zu vergeben, auch wenn wir wenig Hoffnung haben, dass sich unser Gegenüber ändern wird, weil der Abba-Vater unser Massstab ist und wir dem Kommen Seines Reiches dienen wollen.

Versöhnung annehmen und leben

Der himmlische Vater will uns in der Liebe Seines Sohnes entgegen kommen, damit wir zur Versöhnung fähig werden: *«Nicht darin besteht die Liebe, dass wir Gott geliebt haben, sondern dass er uns geliebt und seinen Sohn als Sühne für unsere Sünden gesandt hat» (1 Joh 4,10).* Er gab Seinen Sohn *«als Sühne für unsere Sünden»*. Sühne bewirkt, dass das, was getrennt ist, wieder zusammenfinden kann und zwar durch das erlösende Wirken von Jesus Christus.

Der Sündenbock

Ein Blick auf das Volk Israel lässt uns besser verstehen, was damit gemeint ist. Nach den «Zehn Tagen der Umkehr» versammelte sich das Volk im Tempel, um sich zu versöhnen und um die Versöhnung, den Neubeginn zu feiern. Dazu brauchte man drei Jungtiere: einen Jungstier und zwei junge Ziegenböcke. Der Jungstier und ein Ziegenbock wurden geschlachtet und das Blut der Tiere wurde zur Entsühnung und Reinigung des Tempels benutzt.

Dann wurde der noch lebendige Bock gebracht. Von ihm heisst es: *«Aaron soll seine beiden Hände auf den Kopf des lebenden Bockes legen und über ihm alle Sünden der Israeliten, alle ihre Frevel und alle ihre Fehler bekennen. Nachdem er sie so auf den Kopf des Bockes geladen hat, soll er ihn durch einen bereitstehenden Mann in die Wüste treiben lassen, und der Bock soll alle ihre Sünden mit sich in die Einöde tragen» (Lev 16,21–22).*

Mit diesem Ritus wurden die Sünden durch das Bekennen und Aussprechen auf den Bock geladen. Er wurde zum Sündenbock, durch den am Versöhnungstag alle Sünden des Volkes aus ihrer Mitte weggeschafft wurden. Wir können sagen: Jesus war bereit, freiwillig für uns alle zum Sündenbock zu werden, der die Schuld auf sich nimmt. Er hat sich so sehr mit der Schuld, dem Negativen, der Bosheit aller Menschen solidarisiert, dass Er selbst *«zur Sünde» (2 Kor 5,21)* wurde. Unvorstellbar, was das für Jesus bedeutete! Er, der ganz Reine, nahm am Kreuz den Schmutz der ganzen Menschheit auf sich und wurde zum Sündenbock aller Menschen!

«Er hat in seiner Person die Feindschaft getötet» (Eph 2,16). So findet in Seiner Person alle Feindschaft und Bosheit ein Ende. Der Kreislauf des Bösen ist gebrochen. Die Liebe war und ist stärker. Die Kraft der Liebe hat in Ihm gesiegt.

Uns Seiner Versöhnung öffnen

Damit die Liebe wieder fliessen kann, müssen wir das, was den Fluss dieser Liebe zu uns und durch uns hindurch hindert, loslassen. Zu diesem Schritt lädt uns Jesus vom Kreuz her ein. Er bittet: «Bring mir alle, die dich verletzt und dir geschadet haben. Bring mir all deine Vorwürfe und Verletzungen. Bring mir all deine Schuld und Lasten. Bring alles, damit es mein Kreuz wird und nicht mehr allein dein Kreuz bleiben muss! Nimm jetzt mein Verzeihen, meine Liebe an. So wie ich jetzt ganz neu mit dir anfange, so fange auch du mit allen neu an, damit meine Liebe durch dich alle Menschen, denen du begegnest, erreichen kann.»

Der Preis der Vergebung

Verzeihen hat seinen Preis. Jesus selbst hat die Versöhnung der Menschheit das schmerzliche, brutale Leiden und Sterben am Kreuz gekostet. Auch uns kostet die Vergebung eine Art Tod, eine Art Kreuzigung. Sie kostet nämlich Kreuzigung unseres Stolzes, unseres Recht-haben-Wollens und des Bedürfnisses nach Heimzahlen-Wollen. Rache und Gericht sind ganz Gottes Sache! Er wird allen gegenüber Gerechtigkeit walten lassen.

Beim Verzeihen kann die Erkenntnis helfen: Alle Menschen werden von ihrer Lebensgeschichte geprägt. Wenn uns Menschen verletzt haben, so haben diese selbst vermutlich auch viele Verletzungen erfahren. Weiter kann uns die Einsicht helfen, dass derjenige Mensch, der mir Unrecht getan hat, und überhaupt ein jeder Mensch, der Unrecht tut, krank ist. Er ist gefesselt im Käfig des Negativen und Bösen. Ein böser Mensch ist zutiefst unglücklich. Er ist ein Gefangener. Gefangenen Menschen sollen wir mit Erbarmen begegnen.

Netz spannen

Werner Bergengruen zeigt in einer Geschichte auf, was Vergebung bedeutet: «In einem Fischerdorf am Meeresstrand gab es einen grausamen Brauch aus alter, alter Zeit. Wenn eine Frau beim Ehebruch ertappt wurde, musste sie sterben. Sie bekam drei Tage Zeit, um sich von den Ihren zu verabschieden. Dann wurde sie von einer hohen Felswand in den Tod gestürzt.

Wieder einmal erwischte man eine Frau beim Ehebruch und das grausame Spiel nahm seinen Lauf. Drei Tage durfte sie Abschied nehmen von Mann und Familie, Freunden. Nach drei Tagen wurde die Frau in die Schlucht geworfen. Am anderen Tag staunten die Bewohner des kleinen Dorfes. Die bestrafte Frau ging munter durch die Strassen! Es stellte sich schnell heraus: Ihr Mann hatte von dem Ehebruch erfahren. Die drei Tage nutzte er, um in der Todesschlucht ein riesiges Netz auszuspannen.» Dem Menschen, der an mir schuldig geworden ist ein Netz spannen – das heisst vergeben.

Liebe Leserin, lieber Leser
Versöhnung ist das zentrale Thema des christlichen Lebens. Sie werden selbst gespürt haben, was Sie angesprochen hat und wo Sie gefordert sind. Das Teilnehmerheft will Ihnen auch hier eine Hilfe sein. Dort finden Sie auch weitere Anregungen, wie Sie in einem konkreten Schritt die Versöhnung vollziehen können und auch Hilfen, wie verletzte Gefühle heilen können.

6. Versuchung – allen Schwierigkeiten zum Trotz
Erlöse uns von dem Bösen

Im Reich Gottes geht es wesentlich um heile Beziehungen. Versöhnung ist der Weg dazu. Dabei sind die Gefühle ein sehr sensibler Bereich. Doch Vergebung ist nicht identisch mit dem «Gefühl» der Vergebung. Vergebung ist ein Entscheid unseres Willens, der nach und nach auch zur Heilung unserer verletzten Gefühle führt.

Auf dem Weg der Versöhnung, aber auch in anderen Bereichen, begegnen wir vielfältigen Schwierigkeiten und Versuchungen.

Führe uns in der Versuchung

Jesus weiss, dass wir in dieser Welt vielen Gefahren und Versuchungen ausgesetzt sind. Deshalb lehrt uns Jesus den Vater zu bitten, uns in der Versuchung zu beschützen und zu bewahren: *«Führe uns nicht in Versuchung.»* Die Formulierung: *«Führe uns nicht in Versuchung»* hat schon vielen Theologen wie einfachen Gläubigen grosse Probleme verursacht.

Bereits in den ersten Gemeinden gab es Auseinandersetzungen über die Frage, ob Gott Menschen in Versuchung führt. So können wir bei Jakobus lesen: *«Keiner, der in Versuchung gerät, soll sagen: Ich werde von Gott in Versuchung geführt. Denn Gott kann nicht in die Versuchung kommen, Böses zu tun, und er führt auch selbst niemand in Versuchung» (Jak 1,13).*

Dieser Text zeigt deutlich auf, dass Gott uns nicht in die Versuchung führt, Böses zu tun. Sinngemäss lautet diese Bitte deshalb:
- Führe uns in der Versuchung.
- Führe uns so, dass wir in der Versuchung nicht fallen.
- Hilf, dass wir der Versuchung widerstehen können.
- Lass uns nicht in eine Versuchung kommen.
- Lass uns nicht in eine Versuchung kommen, die unsere Kräfte übersteigt.

Wir bitten hier den himmlischen Vater, dass Er uns *in* der Versuchung führt, uns *durch* die Versuchung hindurchführt, und dass wir

Kraft erhalten, mit einem heiligen Nein der Versuchung zu widerstehen.

Von der Versuchung zu unterscheiden sind Erprobungssituationen, in denen wir uns bewähren müssen und bewähren sollen. Wenn zum Beispiel alles rund läuft im Leben und ich die liebsten Mitmenschen um mich habe, dann ist es leicht Gott zu vertrauen und zu lieben. Aber wenn ich Krisen und Probleme habe, wenn ich mit Schicksalsschlägen, Katastrophen … konfrontiert werde, wenn ich von meinen Mitmenschen angegriffen und schlecht behandelt werde, dann wird mein Glaube und meine Liebe geprüft.

Glaube und Liebe wachsen in schwierigen – eben Bewährungssituationen. Solche Situationen sind deshalb, so unangenehm sie auch sind, immer auch Chancen, Wachstumschancen. So will der himmlische Vater unseren Glauben und unsere Liebe durch alle Anfechtungen und Prüfungen hindurch reinigen und läutern, wie das Gold im Feuer. Er will uns reifen lassen für die Ewigkeit.

Der Versuchung ausgesetzt

Das Wort «Versuchung» kann verschieden gedeutet werden. «Unser ganzes menschliches Leben ist tagtäglich und insgesamt ein versuchtes, ein angefochtenes Leben» (J. M. Lochman). So kann vieles in dieser Welt – was in und an sich gut und schön ist – zur Quelle der Versuchung werden. Vieles kann uns freudig oder schmerzlich beschäftigen, anziehen, faszinieren: Sportereignisse, Weltpolitik, Tagessensationen, Sexgeschichten, Betrügereien, Magie, neueste Errungenschaften, Katastrophen und vieles mehr. Ja, es kann uns etwas – wie wir es auch ausdrücken – so «in den Bann ziehen», dass wir nicht mehr als freie Menschen leben können.

Eine Quelle der Verführung ist das Böse, das Unerlöste, die Begierde in uns. Jakobus schreibt: *«Jeder wird von seiner eigenen Begierde, die ihn lockt und fängt, in Versuchung geführt» (Jak 1,14).* Stellen Sie sich einmal vor: An Ihrem Kopf und an Ihrem Herzen würde ein Bildschirm montiert. Nun würden all ihre Gedanken sowie all ihre innersten Empfindungen, Aggressionen, Wunschvorstellungen und Fantasien bildhaft dargestellt. Was da alles ans Licht kommen würde, das wäre bei manchen Menschen ungeheuer spannend und vielleicht auch erschreckend.

Jesus wusste um die Gefährdungen, die aus dem eigenen Herzen kommen: *«Denn von innen, aus dem Herzen der Menschen, kom-*

men die bösen Gedanken, Unzucht, Diebstahl, Mord, Ehebruch, Habgier, Bosheit, Hinterlist, Ausschweifung, Neid, Verleumdung, Hochmut und Unvernunft» (Mk 7,21–23).

Der Ort, an dem wir Menschen der Versuchung begegnen, ist unsere Freiheit, das Gute, das weniger Gute oder gar das Schlechte zu wählen und unsere Beeinflussbarkeit darin. Es gehört zur Lehre der Bibel und der katholischen Kirche, dass der Mensch unter Beeinflussung durch *den Bösen* zum Bösen neigt. Dieser tritt an den Menschen heran und bemüht sich, auf unser Denken und unseren Willen so Einfluss zu nehmen, dass wir nicht mehr unserer Würde und Berufung als Kind Gottes entsprechend handeln.

Die Ursache: der Teufel

Jesus spricht im Evangelium davon, dass es hinter den genannten Quellen der Versuchung noch eine tiefere Ursache für die Neigung des Menschen zum Bösen gibt: der Einfluss eines geistigen Wesens, das auch «Teufel» genannt wird.[5]

Als erstes biblisches Bild für den Teufel wird in Genesis 3 die Schlange erwähnt. Vielleicht wurde sie wegen ihrer Doppelzüngigkeit und Unberechenbarkeit zum Sinnbild des Versuchers. Das hebräische Wort für Teufel - Satan - bedeutet: Gegner, Ankläger und Beschuldiger. Das heisst: die böse Macht klagt uns immer wieder wegen unserer Sünden an und will uns dadurch entmutigen.

Im Griechischen wird *«Teufel»* mit «Diabolos» übersetzt, was Verwirrer, Durcheinanderwerfer meint. Gemeint ist die geistige Macht, die alles durcheinander wirft und verwirrt, sodass wir uns oft

---

[5] Während sich die Theologen nicht einig sind, ob es sich beim Satan, beim Teufel um ein geistiges Wesen handelt oder um eine literarische Verkörperung der Summe alles Bösen, ist die Stellungnahme der Kirche sehr klar. Papst Paul VI. schreibt: «Das Böse ist nicht nur ein Mangel, sondern eine Wirkkraft, ein lebendiges geistiges Wesen, pervertiert und pervertierend: eine schreckliche Realität, geheimnisvoll und Furcht erregend. Wer die Existenz dieser Realität bestreitet, stellt sich ausserhalb der biblischen und kirchlichen Lehre, oder auch wer sie zu einer Pseudo-Wirklichkeit erklärt, für eine erfundene, fantastische Personifikation der unbekannten Ursachen unserer Übel. Christus definiert Satan als Mörder von Anfang an, als Vater der Lüge. Er ist der raffinierte Ränkeschmied, der das sittliche Gleichgewicht im Menschen stört.» (Suenens, Léon-Joseph: Erneuerung und die Mächte der Finsternis. Otto Müller Verlag, Salzburg 1983, S. 15).
Ebenso ist in der Liturgie öfters vom Teufel als einem geistigen Wesen die Rede, besonders in der Taufliturgie. So lautet ein Satz bei der Erneuerung des Taufversprechens in der Osternacht: P (Priester): Widersagt ihr dem Satan, dem Urheber des Bösen? A (Alle): Ich widersage.

nicht mehr verstehen in Familie, Gesellschaft und Kirche. Der Verwirrer lässt überall ein Durcheinander entstehen, sodass keine Klarheit und Durchsichtigkeit mehr da ist. Oft bläst er uns alle möglichen Ängste und Gedanken ein, sodass wir in uns selbst verwirrt sind.

Jesus beschreibt diese geistige Macht als Lügenmacht, die Leben, Heil und Glück zerstört. *«Er war ein Mörder von Anfang an. Und er steht nicht in der Wahrheit; denn es ist keine Wahrheit in ihm. Wenn er lügt, sagt er das, was aus ihm selbst kommt; denn er ist ein Lügner und ist der Vater der Lüge» (Joh 8,44).* Als Vater der Lüge wirkt er vor allem auf unsere Gedanken ein. Er gibt Lügen ein, täuscht einen Scheingewinn vor, blendet und verblendet. Dabei spielt er sich als derjenige auf, der uns doch nur zum Besten verhelfen wolle. Er belügt uns über Gott, über uns, über den Sinn des Lebens, über sich selbst, kurz, über alles.

Jesus nennt den Teufel weiter den *«bösen Feind»* sowie *«Fürst»* und *«Herrscher dieser Welt»*. Er ist der Widersacher, der seine Herrschaft behalten will, und der mit allen Mitteln gegen das Kommen des Reiches Gottes kämpft.

Doch wie kommt es überhaupt zum Bösen? Nach dem Verständnis der Kirche gab Gott den Engeln die Freiheit, sich für oder gegen Ihn und Seinen Heilsplan zu entscheiden. Einige der Engel, unter ihnen einer der mächtigsten, Luzifer, lehnten sich gegen Gott auf und kämpfen nun gegen Gott und Seinen Heilsplan *(vgl. Offb 12,9 und Jud 1,6).*Wir berühren hier ein Geheimnis, das wir nicht verstehen, sondern nur respektieren können.

Wir können die Aussagen über den Widersacher Gottes so zusammenfassen: Er ist ein Geschöpf Gottes, ein geistiges, pervertiertes Wesen, das sich Gottes Heilsplan und Liebe widersetzt. Ein Wesen, das mit allen Kräften versucht, Gottes gute Schöpfung zu zerstören, das Kommen und Wachsen des Reiches Gottes zu verhindern und die Menschen von Gott abzubringen.

Die Grundversuchung

Wir alle möchten glücklich werden. Doch wie sieht der Weg zum Glück aus? Hier greift die Versuchung an. Hier sind wir Lügen ausgesetzt. In der biblischen Geschichte vom Sündenfall *(Gen 3,1 ff)* sät der Versucher Misstrauen gegen Gott ins Herz des Menschen. Könnte es nicht sein, dass Gott dem Menschen das grosse Glück –

nämlich wie Gott zu sein – vorenthält *(vgl. Gen 3,5)*? So versucht der Feind den Blick zu trüben und das Denken zu verwirren.

Die Urversuchung des Menschen besteht im Misstrauen gegenüber Gott. Solches Misstrauen kann langsam, schleichend, fast unbemerkt in das Herz des Menschen einziehen. Wenn Misstrauen Gott gegenüber da ist, geht der Mensch innerlich Gott gegenüber auf Distanz und sucht auf seinen eigenen Wegen sein Glück.

Das Gegenteil von Misstrauen ist Vertrauen. Wer Gott vertraut, will Gottes Plan dienen und fragt deshalb: Was hast Du, Gott, mit meinem Leben vor? Wozu hast Du mich geschaffen? Wie kann ich die mir anvertraute Sendung leben?

Das Ziel des Feindes

Wenn ein Mensch nach seiner Sendung zu fragen beginnt, können sich Widerstände melden. Widerstände in uns, Widerstände bei anderen Menschen, weil wir nicht mehr ihre Erwartungen erfüllen, und Widerstände von dem, den Jesus den *«bösen Feind»* nennt.

Das Ziel des bösen Feindes ist nicht, uns zu dieser oder jener kleinen Sünde zu verführen. Da dürfen wir gelassen sein. Wir sind schwache Menschen und werden das ganze Leben hindurch immer wieder sündigen. Wir bleiben so das ganze Leben lang auf die Vergebung angewiesen, und der himmlische Vater vergibt uns gerne, wenn wir darum bitten.

Das Ziel des Feindes greift tiefer. Gott hat von jedem Menschen einen Traum. Er möchte unser Leben zur Entfaltung und zum Strahlen bringen. Dazu hat Er uns mit Gaben und Fähigkeiten ausgestattet, vertraut uns Aufgaben an und lässt uns wachsen und reifen. Im Reich Gottes werden wir zusätzlich mit geistlichen Gaben und Charismen beschenkt, um mit Begeisterung und Kraft unsere Sendung leben zu können.

Genau an diesem Punkt greift der Versucher an. Sein Ziel ist es, unsere Sendung im Reich Gottes zu verhindern oder soweit wie möglich zu behindern. Dazu will uns der Feind mit allem Möglichen blenden, verwirren, täuschen, belügen. Das geschieht durch Verlockung, Verblendung und Verführung.

Verführung geschieht nicht so, dass wir uns direkt gegen Gott stellen. Vielmehr wird anderes immer wichtiger. Die Arbeit, die Freizeit, der Sport, das Hobby, der Verein, das Haus, der Garten, das Vergnügen, der Fernseher, der Computer, usw. ziehen uns mehr an

Selbst gutmeinende Menschen können zur Verführung werden.

und werden für uns so wichtig, dass wir als Folge davon für Gott keine Zeit mehr finden, auf Gottes Stimme zu hören und Seinen Willen zu suchen. So wird der Mensch, ohne dass es ihm richtig bewusst wird, von Gott und seiner Lebensaufgabe im Reich Gottes weggeführt, verführt und falsch geführt.

Dabei können selbst gute Freunde zu einer Gefahr werden, wie ein Beispiel aus dem Leben Jesu zeigt. Als Jesus von der Erfüllung Seiner Sendung, von Seinem Leiden, Sterben und Auferstehen in Jerusalem spricht, *«nahm ihn Petrus beiseite und machte ihm Vorwürfe; er sagte: Das soll Gott verhüten, Herr! Das darf nicht mit dir geschehen! Jesus aber wandte sich um und sagte zu Petrus: Weg mit dir, Satan, geh mir aus den Augen! Du willst mich zu Fall bringen; denn du hast nicht das im Sinn, was Gott will, sondern was die Menschen wollen» (Mt 16,22–23).* Petrus meint es nur gut und gerade in diesem menschlichen «Gut meinen» wird er für Jesus zum Versucher, der Ihn zum bequemen Weg und damit zum Verlust Seiner Sendung verführen möchte.

Hier braucht es Wachsamkeit! Was versucht uns heute? Welche angenehmen und «gut meinenden» Stimmen locken uns auf einen falschen Weg?

Der Ort der Versuchung – unser Hunger

An welchem Punkt greift die Versuchung an? Ein Blick auf Jesus und Seine Versuchungen in der Wüste können uns hier mehr Klarheit geben. Wir lesen bei Lukas: *«Die ganze Zeit über ass er nichts; als aber die vierzig Tage vorüber waren, hatte er Hunger. Da sagte der Teufel zu ihm...» (Lk 4,2–3).* Jesus hat Hunger und beim Hunger greift der Teufel an. Der Widersacher setzt also dort an, wo Jesus ein effektives und auch gerechtfertigtes Bedürfnis hat.

Dort, wo wir im Leben Hunger verspüren, wo unsere Bedürfnisse unerfüllt und ungestillt sind, dort sind wir am leichtesten verführbar. Hunger, vielleicht nach Brot, vielleicht nach Liebe, Hunger nach Ansehen, Hunger nach Sicherheit, Hunger nach Erfolg, Hunger nach Macht, Hunger nach Wissen, nach Freude, nach Zärtlichkeit, nach sexueller Erfüllung, nach Glück usw.

Wie versucht der Teufel Jesus? *«Wenn du Gottes Sohn bist, so befiehl, dass aus diesen Steinen Brot wird» (Mt 4,3).* Das heisst: Verschaff es Dir selbst. Greif zu. Nimm, was Dir die Welt und das Leben bietet.

Ein Bischof besucht einen Pfarrer. Das Pfarrhaus, das er betritt, ist von aussen eher unauffällig – innen ist es ein Prachtbau. Küche und Bad, Esszimmer, Wohnzimmer und Schlafzimmer sind vom Feinsten. Der Bischof wird von einer ausnehmend hübschen Hausdame begrüsst. Irgendwann kommt dem Bischof ein Gedanke. Er fragt den Pfarrer: «Was tust du, wenn dich die Fleischeslust überfällt?» Der Pfarrer antwortet: «Dann gehe ich mit dem Hund spazieren, bis es vorbei ist.» Der Bischof fragt weiter: «Und was ist, wenn die Fleischeslust deine Hausdame überfällt?» Der Pfarrer erwidert: «Dann nimmt sie den Hund und geht spazieren?» Der Bischof: «Und wenn euch beide die Fleischeslust zugleich überfällt?» Der Pfarrer: «Auch dafür ist gesorgt. Der Hund kennt den Weg auch alleine.»

Die Versuchung des Geistes

Wir kennen die Versuchungen der sogenannten Fleischeslust in ihren vielfältigen Formen.Viel gefährlicher ist jedoch die Versuchung des Geistes. Hier geht es um die Ur-Versuchung beim Sündenfall. Die Frucht, – der sogenannte Apfel – war Sinnbild für die Versuchung, Gott nicht mehr als Gott anzuerkennen, nicht mehr von Gott abhängig sein zu wollen, sondern selbst *bestimmen* zu wollen, es selbst zu machen.

Heute zeigt sich diese Versuchung des Geistes unter anderem in der Esoterik. Menschen versuchen dort ihr spirituelles Bedürfnis *selbst* zu stillen. Sie suchen Heilung und Energie nach bestimmten Methoden sich selbst zu verschaffen. Die Esoterik kreist ums Ich des Menschen, was dem Menschen schmeichelt. Im Gegensatz dazu steht beim Glauben Gott im Zentrum. Wir vertrauen uns Ihm an.

Noch ein Unterschied ist offensichtlich: in der Esoterik geht es letztlich um Selbsterlösung. Durch die Hinwendung zur Esoterik in all ihren vielfältigen Formen verlässt der Mensch Schritt um Schritt den Dreifaltigen Gott, Jesus den Erlöser und Heiland.

Eine Versuchung des Geistes – wo der Mensch sein Ego ins Zentrum stellt – ist auch das Besserwissenwollen und damit verbunden die negative Kritik. Dazu gehört auch der Klatsch, das Gerede über Andere, das Gerede hinter dem Rücken der Anderen. Etwas, was viele Beziehungen – auch in der Kirche – vergiftet.

Eine weitere Versuchung des Geistes ist die Resignation. Man hat den Eindruck: Es geht nur noch abwärts mit Gesellschaft, Kirche und Welt. Resignation kann auch entstehen im Blick auf sich selbst. Man hat versagt, vielleicht sogar grosse Schuld auf sich geladen oder fühlt sich den Problemen nicht mehr gewachsen. Doch Gott ist immer grösser als alle Schuld und alle Probleme. Das Vertrauen in den machtvollen, himmlischen Vater ermöglicht nach jedem Versagen einen Neuanfang.

Die Versuchung bekämpfen

Versuchung – allen Schwierigkeiten zum Trotz. Trotz ist eine christliche Tugend. Zwei Arten dieses Trotzes, dieses Kampfes gegen die Versuchungen sind zu erwähnen.

Die Versuchung meiden

Die beste Art und Weise, die Versuchung zu bekämpfen, ist es sie zu meiden, wo immer es nur geht. Wenn wir ehrlich mit uns selbst sind, dann wissen wir, wo wir versuchbar und verführbar sind. Wir wissen, wo bei uns der Wurm drin steckt. Wo unsere Schwächen, Wunden und ungelösten Probleme sind.

Es dient niemandem, wenn wir uns ohne Notwendigkeit auf Bereiche einlassen, die uns durcheinander bringen. Wenn ich weiss, dass gewisse Orte, Bücher, Fernsehsendungen, Themen oder auch Personen ... mich in Bereiche verwickeln, die mir zur Versuchung werden, dann gilt es, diese zu meiden. Jesus ist da, gerade weil Er uns liebt, ganz radikal: *«Wenn dich deine Hand zum Bösen verführt, dann hau sie ab; es ist besser für dich, verstümmelt in das Leben zu gelangen, als mit zwei Händen in die Hölle zu kommen, in das nie erlöschende Feuer» (Mk 9,43).* Jesus will uns deutlich machen, dass unsere jetzigen Entscheidungen Folgen haben, auch für die Ewigkeit.

Eine alleinstehende Frau nahm an einem Glaubenskurs teil und entdeckte: Mein Problem ist der Fernseher. Abends wenn ich heimkomme, drücke ich an den verschiedenen Programmen herum und oft bleibe ich hängen ... Also entschied sie sich den Fernseher in den Keller zu verbannen, doch nach drei Monaten war er wieder in der Wohnung, und das gleiche Spiel begann von Neuem. Nach einem Jahr machte sie erneut einen Glaubenskurs. Wieder entdeckte sie, dass der Fernseher ihr zur Versuchung wurde. So verbannte sie ihn abermals in den Keller – diesmal für vier Monate.

Beim nächsten Glaubenskurs wurde ihr klar, dass sie nicht mehr länger mit der Versuchung spielen durfte. Sie nahm einen schweren Hammer und zertrümmerte den Fernseher. Sie sagte: Jetzt ist endgültig Schluss damit!

Der Versuchung widerstehen – den Blick wechseln

Die zweite Form des Trotzes besteht im Widerstand gegen die Versuchung. Denn nicht alle Versuchungen können wir meiden – im Gegenteil. Schwierige Menschen, unliebsame Situationen, auch Enttäuschungen und Widerstände sind Wachstums- und Bewährungschancen. Wir sind gerufen, darin der Versuchung zum egoistischen und oft bequemen Weg zu widerstehen und in der Hingabe an Gott zu wachsen.

Jesus ist auch da uns Beispiel. Er selbst wurde vom Heiligen Geist in die Wüste geführt, um Seine Sendung zu klären und zu festigen. Nach 40 Tagen des Fastens tritt der Versucher an Ihn heran und sagt: «Du bist doch Gottes Sohn, Du kannst es Dir doch einfacher machen: Befiehl doch diesem Stein, Brot zu werden!»

Sich sofort von der Versuchung wegwenden.

Jesus könnte sich nun mit den Gedanken des Versuchers beschäftigen. Genau das tut Er aber nicht, denn Jesus weiss: Wer sich mit den Verführungen beschäftigt, wird von ihnen mehr und mehr umgarnt und gefangen. Deshalb gilt es, sofort der Verführung den Rücken zuzukehren. Das tut Jesus. Er kehrt sofort dem Teufel den Rücken zu und wendet sich stattdessen Gott, Seinem liebenden Abba zu.

In diesem entschiedenen Blickwechsel zeigt sich der «heilige» Trotz, der die beiden Aspekte des Taufgelübdes enthält:

1. «Ich widersage» bedeutet, sich sofort, klar und entschieden mit einem heiligen Nein von der Versuchung wegzuwenden.
2. «Ich glaube» bedeutet, den Blick vertrauensvoll auf Gott zu lenken: «Du bist mein Vater. Du liebst mich himmlisch. Du kümmerst dich um all meine Bedürfnisse. Du führst mich die besten Wege – auch jetzt. Danke.»

In dieser Haltung kommt die Kraft Jesu in unser Herz. Dies ist der «heilige» Trotz, der uns in die Freiheit und Fülle des Lebens führt.

Ein junger Mann, der jahrelang damit gekämpft hat, um von einer Versuchung loszukommen, hat die entscheidende Hilfe dann erfahren, als er Aufgaben in der Pfarrgemeinde übernahm. Der Einsame ist immer in besonderer Weise der Versuchung ausgesetzt. Deshalb ist auch in dieser Bitte wieder von *«uns»* die Rede. *«Führe uns nicht in Versuchung»*! Wir können allein sein, weil wir das Angebot von Gemeinschaft nicht annehmen. Wer aktiv in einer Gemeinschaft sich für das Reich Gottes engagiert, dem wird es nie langweilig. Dieser gemeinsame Einsatz motiviert und setzt Kräfte frei.

«Erlöse uns von dem Bösen»

Jesus Christus hat uns durch Sein Leben, insbesondere durch Sein Kreuz und Seine Auferstehung, von der Herrschaft des Bösen befreit. Wo wir uns mit Ihm eins machen, kommt Seine erlösende Kraft in unser Leben, die uns aus den vier Wirkweisen des Bösen - Sünde, Wunden, negative Bindungen und Schwächen - herauslöst.

1. Schuld und Sünde

Hier trennt sich der Mensch willentlich von Gott und Seiner Liebe. Die Sünde des Menschen besteht darin, Gott nicht als Gott seines Lebens anzunehmen, sondern selbst sein eigener Herr und Meister sein zu wollen. Folglich nimmt der Mensch die Weisungen und Hilfen Gottes nicht an.

Der Erlösungsweg: Hier hilft nur eines: Umkehr und Bitte um Vergebung. Je entschiedener wir umkehren, umso mehr kann uns Jesus von Schuld und Sünde befreien.

2. Wunden

Ein weiterer Bereich, in dem wir dem Bösen begegnen, sind die Verletzungen unseres Lebens. Jeder Mensch ist, da wir alle in einer Unheilssolidarität miteinander verwoben sind, auch Opfer der Sünde und Schuld anderer. Dies kann in uns Wunden hinterlassen, sodass wir an Liebesmangel, an belastenden Erinnerungen und negativen Gefühlen leiden.

Solche Verwundungen verursachen in vielen Menschen eine Form von Auflehnung. Die Menschen haben Mühe, sich selbst mit ihrer ganzen Lebensgeschichte und mit ihren Begabungen und

Schwächen anzunehmen. Sie verschliessen Bereiche ihres Lebens aus Angst vor neuen Verletzungen.

Der Erlösungsweg: Wunden bedürfen der Heilung. Bei der Heilung unserer Wunden können wir das Geschehene nicht ungeschehen machen. Jesus will uns aber vom bitteren Schmerz, der sich in unserer Erinnerung festgesetzt hat, heilen. Er will uns auch zeigen, wo wir uns aus Schutz vor weiteren Verletzungen negative Verhaltensmuster angeeignet haben, die der Umkehr bedürfen.

Im Gebet legen wir all unsere Verwundungen in die Hände Jesu und bitten Ihn um Heilung unserer Erinnerungen und um die Kraft, aus negativen Verhaltensmustern herauszutreten.

3. Negative Bindungen

Positive Bindungen in Ehe und Freundschaft fördern Leben. Doch negative Bindungen machen uns unfrei. Wir kennen verschiedene Formen von negativen Bindungen. Einerseits gibt es Mächte der Finsternis, die durch Verwünschungen, Magie, okkulte Praktiken, Zauberei, ... auf uns einwirken können.

Andererseits gibt es Bindungen, die sich durch sogenannte schädliche Gewohnheiten in uns festgesetzt haben. Diese Form von Bindung ist entstanden durch regelmässige, immer wieder freiwillige Entscheidungen unsererseits. So können Süchte entstehen.

Der Erlösungsweg: Was die Bindung durch finstere Mächte betrifft, brauchen wir Befreiung. Wenn wir uns von den negativen Einflüssen und Mächten lösen wollen, kann dies durch eine klare innere Trennung – ein «Im Namen Jesu widersage ich» – und durch ein Befreiungsgebet geschehen. Besonders hilfreich ist dieses Gebet durch einen Priester im Busssakrament.

In den meisten Fällen haben Bindungen mit schlechten Gewohnheiten zu tun. Nur wenigen Menschen gelingt es, ihr gewohntes Verhalten mittels einer «Radikalmethode» zu ändern, besonders dann, wenn es sich um sogenannte Suchtgewohnheiten wie Arbeits-, Ess-, Trunk-, Sport-, Computer-, Putzsucht usw. handelt. Hier kann aber das Bewusstsein, immer wieder neu wählen zu können, uns die Möglichkeit geben, aus einem unheilen Kreislauf auszubrechen und uns eine neue Gewohnheit anzueignen. In der Kraft Jesu entscheiden wir uns, und mit solidarischer Unterstützung anderer versuchen wir – auch gegen widersträubende Gefühle – ein erstes Mal ein neues Verhalten. Dann ein zweites Mal, ...

Gott will uns ins Leben der Freiheit und Freude der Kinder Gottes führen.

4. Schwächen und Fehler

Ein vierter Bereich betrifft unsere Schwächen und Fehler. Sie gehören zum menschlichen Dasein, obwohl wir sie lieber nicht hätten. Wenn wir Schwächen an uns entdecken, beginnt oft ein Kampf; sei es, indem wir aktiv etwas gegen sie unternehmen oder aber, dass wir versuchen, sie vor anderen zu verbergen.

Ich erinnere mich an einen Kurs, an dem ich teilnahm. Alle mussten dort ihre Hauptschwäche, die sie am liebsten nicht mehr hätten, in einem Stichwort gross auf ein Blatt schreiben. Darauf musste jeder dieses Blatt so um den Hals hängen, dass es alle lesen konnten. Nun bestand die Möglichkeit, im Sinne eines arabischen Basars herumzugehen und mit anderen über den Tausch der Schwächen zu verhandeln. Das Ergebnis war, dass die meisten am Ende «glücklich» mit ihrer eigenen Schwäche waren.

Der Erlösungsweg: Bei Schwächen wirkt die erlösende Kraft Jesu dann, wenn wir sie annehmen und uns mit ihnen versöhnen. Denn Schwächen haben oft einen Sinn. Sie wandeln uns in der Tiefe und führen uns näher zu Jesus. Wer zu seinen Schwächen steht und sie annimmt, wird im Umgang mit seinen Mitmenschen barmherziger, und er erlaubt auch ihnen, Schwächen zu haben.

Der Kampfplatz – unser Wille

So unterschiedlich auch die Befreiungswege vom Bösen sind, eines ist immer gleich: Gott befreit uns nicht gegen unseren Willen. Augustinus sagte: «Gott hat mich erschaffen ohne mich, aber er wird mich nicht retten und erlösen ohne mich!» Das heisst: Gott wartet auf unsere Einwilligung, uns vom Bösen und Negativen befreien zu dürfen. Denn nur, wenn wir es ganz und hundertprozentig wollen, kann Er uns befreien.

Wenn wir nun spüren, dass wir nicht ganz von allen Formen des Bösen befreit sein wollen, dann sollten wir die Richtung unseres Betens ändern. Wir sollen dann um den Geist Jesu bitten, um Seine heilige Entschiedenheit, uns ganz vom Negativen trennen zu wollen. Wenn wir treu darum beten, wird sich der Heilige Geist mit unserem schwachen Willen verbinden, und eines Tages ist die Gnade da. Denn der Kampfplatz, an dem es um Sieg oder Niederlage geht, ist unser Wille.

Gewiss ist: Jesus Christus hat uns durch Sein Leben, insbesondere durch Sein Kreuz und Seine Auferstehung von der Herrschaft des Bösen und von allen Wirkweisen des Bösen erlöst. Wo wir uns mit Ihm eins machen, kommt Seine erlösende Kraft in unser Leben, und Er wird uns Schritt für Schritt erlösen und in die Freiheit und Freude der Kinder Gottes hineinführen.

Liebe Leserin, lieber Leser

Die Gedanken dieses Kapitels betreffen unser Leben. Das Erkennen der Versuchungen und der richtige Umgang mit ihnen gehören zum Schwierigsten in unserem Leben. Doch Gottes Heiliger Geist will uns zu einer heiligen Entschiedenheit helfen. Dieser Weg in die Freiheit und Freude wollen auch die vertiefenden Texte im Teilnehmerheft aufzeigen.

7. Hoffnung – Zukunft schon im Jetzt
Dein ist das Reich und die Kraft

Die Bitte um Befreiung von dem Bösen mündet in das grosse Lob des himmlisch-liebenden Vaters. In der frühen Kirche ist das Vaterunser als Gebet der Gemeinde in den spontanen Lobpreis Gottes übergegangen. Inspiriert vom Geist Jesu, stimmte die Gemeinde in den Jubelruf «Abba, Vater» ein. Dieser spontane Lobpreis hat in den Gemeinden um das Jahr 100 n. Chr. eine feste Form gefunden: *«Denn dein ist das Reich und die Kraft und die Herrlichkeit in Ewigkeit. Amen.»* Doxologie wird dieser Schluss genannt.

Doxologie kommt vom Griechischen «doxa», was Pracht, Ruhm, Lichtglanz und Herrlichkeit heissen kann. Doxologie heisst, Gottes Lichtglanz, Herrlichkeit, Kraft und Liebe feiern. Das zeigt: Diese sichtbare Welt ist nicht die letzte Wirklichkeit. Es gibt noch eine ganz andere Dimension: Gottes unsichtbare Welt und ewige Herrschaft, die das ganze irdische Sein umfasst. In der ganzen Fülle werden wir diese Wirklichkeit erst dann erfahren können, nachdem wir durch Tod und Gericht hindurchgegangen sind.

Die christliche Zukunftshoffnung

Am Ende, wenn Gott in allem regiert, wird alles gut, herrlich, unermesslich beglückend und schön sein. Am Ende wird uns nur noch zum Jubeln zumute sein. Doch Gottes Liebe will bereits jetzt unser Leben heil und gut machen. Das Leben im Reich Gottes verändert jetzt unser Leben. Es verändert insbesondere auch unsere Beziehung zum Tod und zum Gericht.

Das Gericht

«Gericht» ist ein Wort, das vielfältige Gefühle und Gedanken auslöst. Vielen macht das Gericht Angst. Manche stellen sich vor, vor dem Richterstuhl zu stehen, und dann werden alle Sünden hervorgeholt. Beschämt steht man dann da und wird kalt abgeurteilt. Das ist ein negatives Bild. Doch Angst vor dem Gericht – und damit vor der Gerechtigkeit Gottes, die ausnahmslos alle erfahren werden – müssen aber nur Menschen haben, die Gott nicht lieben.

Denn für Menschen, die Gott lieben und bewusst ins Reich Gottes eingetreten sind, erhält das Gericht einen ganz neuen Klang. In der Offenbarung des Johannes, die einen Blick hinter die Kulissen des Weltgeschehens wirft, wird das Gericht Gottes sogar mit einem gewaltigen Jubel im Himmel begrüsst. Wie ist das zu verstehen?

Im Gericht vollendet der himmlische Vater Seine Liebesherrschaft und setzt sie in der ganzen Schöpfung durch. Wenn Seine gewaltige souveräne Macht offenbar wird, weicht alles Böse, wie der Nebel in der hell erstrahlenden Sonne sich auflöst. Das Böse wird wie es in der Offenbarung heisst in den Feuersee geworfen und alle, die unwiderruflich am Bösen festhalten.

Die Liebe vertreibt die Angst

Das Gericht ist nur für diejenigen bedrohlich, die am Bösen festgehalten haben und immer noch festhalten. Doch wir haben uns vom Bösen abgewandt. Wir haben uns dem Reich Gottes und damit Gottes Liebe geöffnet. Und diese Liebe Gottes vertreibt die Furcht, wie Johannes sagt: *«Furcht gibt es in der Liebe nicht, sondern die vollkommene Liebe vertreibt die Furcht» (1 Joh 4,18).*

Diese Liebe Gottes lebte in Therese von Lisieux. Mitten in einer Zeit, die von der Angst vor Gott geprägt war, entdeckte sie durch die Betrachtung der Bibel die Vaterliebe Gottes, der sie ganz vertraute. So konnte sie sagen: «Ich fühle es: Auch wenn ich alle Verbrechen der Welt auf meinem Gewissen hätte, ich würde nichts von meinem Gottesvertrauen verlieren. Mit einem von Reue gebrochenen Herzen würde ich mich in die Arme meines Heilandes werfen. Er liebt den verlorenen Sohn, und ich habe die Worte gehört, die Er zu Magdalena, zur Ehebrecherin und zur Samariterin gesprochen hat. Nein, niemand vermag mir Furcht einzujagen. Ich weiss Bescheid über Seine Liebe und Barmherzigkeit.»[6]

Lange Zeit kam ich als Priester von einer Sünde einfach nicht los. Einerseits wollte ich davon frei werden, und zugleich schaffte ich es nicht. Manchmal, wenn ich so niedergeschlagen war, kam der Gedanke: «Leo, was wird mit dir, wenn du jetzt stirbst?» Da kam in mir für einen Moment Angst hoch. Dann sagte ich mir: «Wenn ich jetzt

6 Zitiert nach; Theophan Beierle, Ein Weg für alle - Therese von Lisieux. Verlag Kaffke, S. 18)

Wir erwarten unseren Erlöser, Heiland und König!

sterben würde, würde ich mich mit beiden Armen um den Hals des himmlischen Vaters hängen, und ich bin mir ganz sicher, Er würde mich nicht wegstossen. Das würde Er nie tun.» Dieser Gedanke hat mir viel Trost und Frieden gebracht.

Die Liebe Gottes in uns vertreibt die Furcht. Denn diese Liebe ist grösser als all unsere Missetaten! Diese Liebe lässt uns das Gericht als etwas Frohmachendes sehen.

Gericht als Richtigmachen – Wiederherstellen

In der Haltung der Liebe bedeutet Gericht Richtigmachen, Wiederherstellen. Wenn wir und die ganze Schöpfung vom Bösen befreit werden, dann bedeutet dies, dass der Abba-Gott alles gerade richten wird, was verbogen ist. Er wird den aufrichten, der gedemütigt wurde. Und den, der sich selbst durch seine Taten entwürdigt hat, wird Er wieder herrichten. Gericht bewirkt die Wiederherstellung, das Neumachen, das Gewandelt- und Gutwerden des eigenen Herzens, aller Beziehungen und der ganzen Schöpfung. Solches Gericht erfüllt alle, die ein gutes Herz haben, mit Dank, Freude und Jubel.

«Komm, Herr Jesus» – auch heute?

Diese Befreiung vom Bösen, dieser Sieg der Liebe und diese Wiederherstellung des Lebens – kurz, diese Vollendung des Reiches Gottes war das brennende Verlangen der Urkirche. Sie sehnte sich danach, den himmlischen Vater in Seiner faszinierenden Schönheit und Seiner strahlenden Herrlichkeit zu sehen und von Seiner alles heilenden Liebe für immer in die Arme genommen zu werden. Darum beteten und riefen sie: «Maranatha – Komm, Herr Jesus, komm und setze dem Leiden ein Ende. Hole uns heim ins Vaterhaus Gottes. Komm und vollende Dein Werk!»

Im Verlauf der Zeit flaute die Sehnsucht nach dem Kommen des Reiches Gottes in seiner Vollendung bei den Christinnen und Christen immer mehr ab. An die Stelle der lebendigen Nah-Erwartung trat eine spannungslose Jederzeit-Erwartung. Selbst das Bekennen unseres Geheimnisses des Glaubens in der Mitte jeder Eucharistiefeier – *«Deinen Tod, o Herr, verkünden wir. Deine Auferstehung preisen wir, bis du kommst in Herrlichkeit»* – vermag die Sehnsucht kaum mehr zu wecken. Im Gegenteil! Nicht wenige haben sogar Angst vor der Weltvollendung, die sie – angesteckt von der Verwirrung unserer Zeit – «Weltuntergang» nennen.

Doch wir Christinnen und Christen sehen das anders. Wir wissen zwar, dass noch schwere Zeiten auf uns zukommen können. Wir wissen aber auch, dass Einer uns stets die nötige Kraft gibt. So schauen wir nicht in erster Linie auf das, was noch alles kommen könnte, sondern auf *Den*, der in all dem auf uns zukommt, um endgültig und für immer alles gut zu machen. Wir erwarten unseren Erlöser, Heiland und König und freuen uns auf Ihn. Darum können wir auch heute beten: «Komm, Herr Jesus!»

Die christliche Hoffnung

Vielleicht ist durch diesen Verlust der christlichen Hoffnung ein solches Vakuum entstanden, dass heute an einigen Orten mehr Katholikinnen und Katholiken an die Reinkarnation glauben als an die Auferstehung und die Wiederkunft Jesu Christi in Herrlichkeit: «Man kann ja nicht wissen, was kommt. Denn bis jetzt ist noch keiner zurückgekommen und hat uns davon erzählt.»

Doch das stimmt so nicht ganz. Einer ist aus der anderen Welt zu uns gekommen: Jesus Christus. Auf Ihn gründet die christliche Zukunftshoffnung. Sie ist alles andere als eine vage Hoffnung. Sie gleicht einer schwangeren Mutter, die das Kind bereits in sich trägt. Darum ist sie guter Hoffnung. Es ist nur noch eine Frage der Zeit, bis das neue Leben, das Kind, für alle offenbar wird.

Denn im Tod und der Auferstehung Jesu *ist* das Reich Gottes unwiderruflich errichtet. Das Neue ist bereits Realität. Deshalb ist die Vollendung der Liebesherrschaft Gottes nur noch eine Frage der Zeit. In Gott ist sie bereits Realität. *«Denn dein ist das Reich und die Kraft und die Herrlichkeit in Ewigkeit.»* Das ist eine Frohbotschaft. Wir gehen unwiderruflich auf eine Zukunft zu, auf die wir uns nur freuen können.

Tod – Tor ins ewige Glück

Das Reich Gottes verändert unsere Beziehung zum Tod. Denn so wie durch die Geburt ein Kind das Licht der Welt erblickt, ist der Tod das Tor in neue Dimensionen unseres Lebens.

Als ich mit siebzehn Jahren in überraschender Weise den himmlisch-liebenden Vater als Abba erfuhr, begann Ich ihn auch so anzusprechen. Ich nannte Ihn ganz einfach «Papi». Oft jubelte es in meinem Herzen. Zugleich mit dieser Nähe des Abba war in mir die Sehnsucht da, Ihn bald in seiner gewaltigen und einfach herrlichen Liebe von Angesicht zu Angesicht zu erfahren. Beim Gedanken daran wurde mir warm ums Herz.

So schrieb ich mit siebzehn Jahren folgendes Abendgebet: «Vater, ein Tag geht nun zu Ende. So bin ich schon wieder einen Tag näher der endgültigen Begegnung mit Dir. Ich freue mich darauf, Vater. Schau, lieber Vater mit Deiner übergrossen Barmherzigkeit und Güte auf diesen Tag. Verzeihe mir..., und erschaffe mir durch Deinen Heiligen Geist, den Geist Jesu ein neues Herz, ein Herz voll Güte und Barmherzigkeit, Mut und Vertrauen.

Vater, wo andere Menschen wegen meiner Sünde und Lieblosigkeit leiden, da heile ihre Wunden und schenk Du ihnen das, was ich ihnen vorenthalten habe und noch mehr dazu. Ja, an diesem Tag hast

Durch den himmlischen Vater wird alles gut! Halleluja!

Du mich wiederum so sehr beschenkt, danke und nochmals danke, lieber Vater. Besonders möchte ich Dir heute danken für ...

Jetzt möchte ich mich loslassen in Deine Hände, in die ich auch alle meine Freunde mit ihren Nöten und Anliegen lege. Nimm uns auf in Deine liebenden Arme, Du unfassbar grosser liebender Papi und schenk uns allen einst das ewige Fest der Liebe. Dir, Deinem Sohn Jesus und dem Heiligen Geist sei Anbetung, Ehre und der Lobgesang aller Geschöpfe, heute, morgen, alle Tage und in alle Ewigkeit. Amen. ALLELUJA.»

Ich freue mich – warum? Wer dem lebendigen Gott begegnet, begegnet dem grossen Glück seines Lebens. Er weiss: «Genau das ist es! Danach sehne ich mich, auch wenn ich noch durch manche schmerzliche Reinigungsprozesse hindurchgehen muss!»

Geschaffen für die Ewigkeit

Wir Menschen sind für eine so grosse Fülle von Glück geschaffen, wie sie uns diese irdische Welt nicht geben kann. Darum fehlt uns immer etwas in dieser Welt. Darum begleitet uns eine innere Unruhe, ein Suchen nach etwas, das wir oft nicht genau beschreiben können. Darum können wir mit all dem, was uns diese Welt bietet, nie ganz erfüllt sein. Wir können viele Glücksmomente erleben, und dennoch sehnen wir uns nach einem beständigen Glück. Wir sind geschaffen für das, was uns nur die Ewigkeit geben kann.

Das zeigt sich zum Beispiel in unserem ständigen Mangel an Zeit. Wir haben alle das Gefühl, nicht genügend Zeit zu haben. Wir würden alle gern sehr viel mehr machen, als wir machen können. Das ist einer der besten Hinweise, dass wir für die Ewigkeit geschaffen sind, weil für uns ein Tag mit 24 Stunden eben nicht ausreicht. Das heisst, der Tod wird unser grösstes Geschenk sein, die Gnade aller Gnaden, das Tor ins befreite Leben. Dann – in der Ewigkeit – werden wir endlich genug Zeit haben. Wir werden unsere ganze Erfüllung erleben. Da wird uns nichts mehr fehlen. Da wird nichts mehr zu kurz, zu klein oder zu knapp sein. Da werden wir endlich die Weite haben, zu der wir geschaffen sind.

Für Christinnen und Christen bedeutet Sterben heimzukehren ins Vaterhaus Gottes, Ihn endlich von Angesicht zu Angesicht sehen zu dürfen, wie Er ist. Sterben heisst, in Seine Vaterarme genommen zu werden und dort Heilung, Trost und Frieden zu finden. Denn Sterben ist «Transitus» (Durchgang), nicht «Exitus» (Abgang).

Die Zukunft im «Jetzt» feiern

Die Schlussdoxologie im Vaterunser lädt uns ein, in unsere Zukunft zu schauen und sie vorweg zu feiern. Sie hat ihre feste Form in einer Zeit gefunden, in der die Gläubigen verfolgt wurden. Eigentlich hatten sie in dieser Zeit nichts zu lachen. Doch mitten in den Bedrohungen des Lebens, als der Glaube bis auf das Blut geprüft wurde, entstand dieser gewaltige Lobpreis des Vaters. In diesem Lobpreis feierten die bedrängten Christinnen und Christen ihre Hoffnung. Der Lobpreis war ihre Kraft. Warum?

«Gott loben heisst, die Dinge von ihrem Ende her sehen» (Helmut Thielicke). Und vom Ende her gesehen sieht vieles ganz anders aus. Vom Ende her betrachtet, erkennen wir besser, worauf es im Leben wirklich ankommt und was unser irdisches Leben überdauert. Bereits diese Erkenntnis befreit. Der Blick auf das Ende, auf die Vollendung des Reiches Gottes gibt Hoffnung. Die Hoffnung weiss: Wir gehen auf ein Leben zu, auf das wir uns freuen können. Denn am Ende wird Gott regieren. Alle werden Ihn ehren und anbeten. Alles wird von Seiner Liebe erfüllt sein.

Im Lobpreis verbinden wir uns mit dieser Zukunft. Darum wachsen uns im Lobpreis Gottes Kräfte zu. Noch mehr: Im Loben schauen wir – mitten in den uns so sehr bedrängenden Mächten der Welt – auf *Den*, Der Sein Reich unwiderruflich aufgebaut hat und Der jetzt (wie es die Bibel bildlich ausdrückt) auf dem Thron sitzt, bis sich alle Mächte dieser Welt vor Ihm beugen werden.

Im Beten des Lobpreises am Ende des Vaterunser feiern wir nicht nur unsere Zukunft, sondern mehr noch unsere Gegenwart. Denn wenn wir ins Reich Gottes eingetreten sind, leben wir *bereits jetzt* im Reich des Vaters. Wir gehören bereits zur neuen und ewigen Welt Gottes. Darüber dürfen wir uns freuen, wie Paulus schreibt: *«Dankt dem Vater mit Freude! Er hat euch fähig gemacht, Anteil zu haben am Los der Heiligen, die im Licht sind. Er hat uns der Macht der Finsternis entrissen und aufgenommen in das Reich seines geliebten Sohnes» (Kol 1,12–13).*

Loben befreit

Das Vaterunser beginnt mit dem Aufblick eines Kindes zu Seinem himmlischen Vater, und es endet auch in einem Aufblick. «Aufblicken» heisst, wegschauen von sich selbst. Wer aufblickt und Gott lobt, steigt aus dem Kreisen um sich, um seine Sorgen, Ängste und Wünsche aus. Loben bedeutet, ganz auf den himmlischen Vater zu schauen und Seine Liebe und Grösse, Seine Güte und Sein Erbarmen, Seine Macht und Herrlichkeit zu rühmen.

Loben zieht nach oben – das gilt auch für unseren Alltag. Wenn wir einen Mitmenschen loben, freut er sich, und es tut uns selbst gut. Denn im Loben und Rühmen zeigen wir unsere Wertschätzung. Es ist aber auch eine Form zu sagen: Ich liebe dich! Von Herzen loben können wir nur Personen, die wir mögen und zu denen wir eine gute Beziehung haben.

Auch Gott loben kann nur, wer Ihn gern hat. Im Lob schenken wir dem himmlischen Vater unsere Liebe. Wir sagen Ihm, dass Er für uns einzigartig ist, dass Er über allem der Herr ist und alles richtig macht. «Du bist herrlich! Ich habe Dich fest gern. Ich bewundere Dich.» Loben ist Ausdruck einer Herzensliebe.

Loben bewirkt in denen, die das Lob, die Anerkennung und das gute Wort aussprechen, Heil. Denn Loben heisst, das Gute sehen. Wer andere ehrlichen Herzens lobt, erfährt Freude im eigenen Herzen. Vielleicht fällt es uns leicht, Gott für Seine Schöpfung zu loben oder einen Menschen für eine besondere Leistung. Aber können Sie auch Gott loben für die Gaben, die er Ihnen geschenkt hat? Können Sie Ihn loben, dass Sie z. B. gut kochen, gut zuhören, gut am Computer arbeiten können? Können Sie ein Lob gut annehmen?

Wer Gott für Seine Gaben lobt und Lob annehmen kann, öffnet sich den Strömen Seiner Gnade. Er sieht Ihn am Werk und anerkennt dies freudigen und dankbaren Herzens. *«Wer sich also rühmen will, der rühme sich des Herrn» (1 Kor 2,31).*

Loben – unsere Bestimmung leben

Gott zu loben ist das allen gemeinsame Grundamt der Christinnen und Christen, unsere tiefste Wesensbestimmung. Paulus sagt: *«Wir sind zum Lob seiner herrlichen Gnade bestimmt» (Eph 1,12a).* Das heisst, wir werden dann zutiefst eins mit unserer innersten Berufung, wenn wir Gott die Ehre geben, Ihn rühmen und preisen.

Nicht immer sind wir in der Stimmung, Gott zu loben. Manchmal sind wir mürrisch, verärgert und verwundet. Dann ist uns eher ums Klagen als ums Loben zu Mute. Vor dem himmlischen Vater dürfen wir immer ganz so sein, wie wir sind. Auch Klagen ist ein

Gott loben öffnet, macht weit und froh.

gutes Gebet. Doch wenn wir unser Leid geklagt haben, gilt es, unseren Blick auf Ihn zu wenden. Wir hören auf, uns mit uns zu beschäftigen und geben Ihm Anbetung und Ehre.

All unsere Sorgen, Pläne und Ängste, all unsere niederdrückenden Stimmungen und Schmerzen Ihm zu überlassen, ist ein Verzicht, ein Opfer: *«Bring Gott als Opfer dein Lob» (Ps 50,14)*. Solches Opfer kann frei machen. Doch dazu braucht es unsere Entscheidung, sonst bleiben wir gebunden an unsere momentanen Gefühle, Stimmungen und Erlebnisse. Gott aber in Seiner unübertreffbaren Herrlichkeit kann und soll immer angebetet und gepriesen werden.

Diese unsere Willensentscheidung zum Lobpreis finden wir oft im Gebetsbuch der Bibel, im Buch der Psalmen: *«Ich will deinen Namen meinen Brüdern verkünden, inmitten der Gemeinde dich preisen» (Ps 22,23). «Ich will den Herrn allezeit preisen; immer sei sein Lob in meinem Mund» (Ps 34,2). «Ich will dich vor den Völkern preisen, Herr, dir vor den Nationen lobsingen» (Ps 57,10).*

Loben können wir nicht nur mit unserem Mund, sondern auch mit dem Körper. Augustinus hat den Satz geprägt: «Mensch, lerne tanzen, sonst wissen die Engel im Himmel mit dir nichts anzufangen!» An vielen Stellen fordern uns Texte aus den Psalmen auf, Gott durch unser ganzes Sein zu loben. *«Lobt ihn mit Pauken und Tanz, lobt ihn mit Flöten und Saitenspiel!» (Ps 150,4)* Doch können wir nüchterne deutschsprachige Menschen Gott mit unserem Körper loben?

Liebe Leserin, lieber Leser

Aus der christlichen Übersicht wächst unbezwingbare Zuversicht. Diese Kraft der christlichen Hoffnung wollen die Texte im Teilnehmerheft vertiefen. Die Betrachtungen wollen uns tiefer in die Freude über Gott hineinführen.

8. Entscheidung – ich bleibe online
Amen

Das Vaterunser endet wie fast alle Gebete mit einem «*Amen*». Das allerletzte Wort unseres Gebetes ist seit ca. 600 v. Chr. bekannt. Mit dem Amen wurden im alten Orient Vereinbarungen besiegelt. Wer es aussprach, verpflichtete sich, das Vereinbarte in die Tat umzusetzen. So ist es auch hier. Wenn wir am Schluss des Vaterunser «*Amen*» sagen, dann treffen wir in unseren Herzen die klare Entscheidung, dass die Bitten, die wir vorher ausgesprochen haben, wirklich für unser Leben gelten.

Das Amen – meine Entscheidung

Am «*Amen*» wird uns klar, warum es in der Urkirche zuerst eine innere Einführung in dieses Gebet gab, bis es wirklich aus ganzem Herzen gebetet werden konnte. Wir merken auch, dass dieses Gebet erst dann ehrlich gebetet werden kann, wenn wir uns klar und bewusst für den himmlisch-liebenden Vater und die Lebensart des Reiches Gottes entschieden haben. Deshalb die Frage: Haben Sie sich klar, eindeutig und unwiderruflich dazu entschieden?

Jeden Tag müssen wir Entscheidungen treffen. Das fällt nicht immer leicht. Nur zu gerne weichen wir Entscheidungen aus. Das kann daran liegen, dass der innere Boden für eine Entscheidung noch nicht da ist. Denn existenzielle Entscheidungen können nicht vom Zaun gerissen werden. Sie müssen vielmehr reifen. Das gilt für alle Beziehungen, auch für die zu Gott. Doch einmal braucht es die Entscheidung, den festen Entschluss, um das Gewachsene im eigenen Leben zu verankern. Erst dann ist ein Frucht bringendes Weiterwachsen möglich.

Ein anderer Grund für das Ausweichen vor Entscheidungen kann darin liegen, dass wir uns alle Möglichkeiten offen halten wollen. Wir wollen uns nicht festlegen. Denn wer zu etwas Ja sagt, sagt zugleich Nein zu vielem anderen. Wer Ja zu Gott sagt, sagt zugleich Nein zu den vielen «Göttern» der Welt. Die Tragik eines solchen

Ausweichens von Entscheidungen besteht darin, dass der Mensch letztlich nicht viel gewinnt, aber das Wesentliche verliert.

Wer z. B. immer offen für viele mögliche Lebenspartnerinnen und Lebenspartner bleiben möchte, wird die Erfüllung einer echten Partnerschaft nie erfahren. So ist es auch im Leben mit Gott. Nur wer sich mit ganzem Herzen auf Gott eingelassen hat, wird die Fülle des Glückes und des Friedens erfahren.

Auch wer diesen Glaubensschritt bereits getan hat, kann trotzdem spüren, wie sich in gewissen Situationen noch vieles gegen den Willen Gottes sperrt. Wir können auch die Unfähigkeit wahrnehmen, uns ganz Ihm zu überlassen und hinzugeben. Wir möchten oft ganz für Gott und die Menschen leben und dennoch bleiben wir an uns kleben. Oft möchten wir ein klares Ja leben, aber irgendwie kommt auf einmal ein Sog von Zweifeln und Ängsten und verwirrenden Gefühlen, die das Ja unterhöhlen, unterspülen oder zumindest verunsichern.

Weil das so ist in unserem Leben, darum müssen wir auch das *«Amen»*, die klare Entschlossenheit, nach den Werten des Reiches Gottes zu leben, immer wieder neu aussprechen. Wir müssen die Entscheidung für den Weg immer wieder erneuern, damit wir immer tiefer umgewandelt werden, damit die Liebesherrschaft Gottes immer tiefer in unseren Herzen greifen und Er durch uns wirken kann. Dazu schenkt uns der himmlische Vater den Heiligen Geist.

«Es komme Dein Heiliger Geist auf uns»

In zwei Abschriften des Lukas-Evangeliums finden wir eine interessante Veränderung des Vaterunser. Dort heisst es anstelle der zentralen Bitte «Dein Reich komme»: *«Es komme dein Heiliger Geist auf uns und reinige uns!»* Dieselben Worte sind bereits in der Taufkatechese des Bischofs Gregor von Nyssa (um 395) n.Chr. bezeugt; sie müssen also in der alten Christenheit schon recht früh, in einigen Gebieten vielleicht sogar über mehrere Jahrhunderte hin gebetet worden sein. Wir haben es hier mit einer später eingefügten Variante der Reich-Gottes-Bitte zu tun.

Der Heilige Geist ist die treibende Kraft des Reiches Gottes, wie wir es auch in einem Lied singen: «Der Geist des Herrn durchweht die Welt, gewaltig und unbändig; wohin sein Feueratem fällt, wird Gottes Reich lebendig.»

Der Heilige Geist erfüllt uns mit Gottes Kraft, Gottes Liebe, Gottes Gedanken, Gottes Freude. Der Heilige Geist führt uns ins Leben des Reiches Gottes ein. Der Heilige Geist macht aus uns Töchter und Söhne. Er gibt die Freude am himmlischen Vater. Er gibt uns Vertrauen zu Ihm ins Herz.

«Dein Heiliger Geist komme auf uns und reinige uns» – zeigt: der Heilige Geist will uns von verkehrtem Denken, von Misstrauen, Egoismus und Angst sowie von verkehrten anerzogenen Verhaltensmustern reinigen. Er will uns von innen her schön, glänzend und strahlend machen.

Reinigen bedeutet auch, unser Denken über Gott so erneuern zu lassen, dass unser Leben von der Wahrheit über die Grösse, Schönheit und Liebe des himmlischen Vaters durchdrungen und bestimmt wird. Das löst nebst einer grossen Freude auch einen schmerzlich empfundenen Prozess der Einkehr, Umkehr und Heimkehr aus.

In vielen Situationen fühlen wir uns überfordert und hilflos. Da will der Heilige Geist uns mit göttlicher Kraft ausrüsten, mit Weisheit, Inspiration, und uns vielfältige Hilfen geben, damit wir andern besser helfen können.

Eine Katholikin kam in den Himmel. Petrus empfing sie voll Freude. Er führte sie zu ihrer himmlischen Wohnung und sagte: «Geh hinein und freue dich.» Die Frau wollte die Tür, die nach innen aufging, öffnen. Aber die Tür öffnete sich nur einen Spalt breit. «Was ist denn da los?», fragte sie Petrus.

Petrus schaut hinein und greift sich mit beiden Händen an den Kopf: «Oh je - hinter der Türe sind unzählige Pakete. Darin sind all die Gaben, die mein Meister dir geschickt hat: Gute Gedanken, Eingebungen, Wirkkräfte und vieles mehr. Er wollte dir helfen, deine Aufgaben besser und mit viel Freude zu erfüllen.

Aber alle Pakete sind wieder zurückgekommen mit verschiedenen Bemerkungen: Empfängerin will es lieber selber machen. Empfängerin ist im Moment zu sehr mit sich selber beschäftigt und nicht ansprechbar. So sind sie alle unverrichteter Dinge zurückgekommen. Doch hier nützen sie nichts mehr. Sie sind nur im Weg!»

Der Heilige Geist will uns nicht nur Gaben geben. Er will uns vielmehr mit Jesus und dem himmlischen Vater verbinden. Er führt uns ein ins Leben als Seine Töchter und Söhne. Drei Aspekte dieses neuen Lebens im Reich Gottes wollen wir kurz betrachten.

«Du bist meine geliebte Tochter ...»

1. Aus der Liebe des «Abba, Vater» leben

Paulus schreibt: *«Alle, die sich vom Geist Gottes leiten lassen, sind Söhne (und Töchter) Gottes. Denn ihr habt … den Geist empfangen, der euch zu Söhnen (und Töchtern) macht, den Geist, in dem wir rufen: Abba, Vater!» (Röm 8,14–16).*

Abba-Vater – Leben im Reich Gottes, heisst zuerst Gott als himmlischen Vater anzunehmen und Ihm unser ganzes Leben – Vergangenheit, Gegenwart und Zukunft – anzuvertrauen. Leben im Reich Gottes bedeutet weiter, uns Seiner Liebe zu öffnen, indem wir in Sein strahlendes Angesicht schauen und Seine Zusage annehmen:

«Du bist meine geliebte Tochter / mein geliebter Sohn. Ich freue mich über dich! Ich vertraue dir. Du wirst es gut machen. Was auch immer kommt und geschieht: Ich stehe ganz hinter dir. Ich helfe dir in allen Niederlagen, Enttäuschungen und Versagen. Nie werde ich von dir weichen und mich von dir wegwenden, denn du bist und bleibst – was immer kommt und geschieht – meine geliebte Tochter / mein geliebter Sohn. Das steht fest für immer und ewig!»

Wer so Seinen Segen annimmt, wird tiefer in die Gemeinschaft mit dem himmlischen Vater hineinwachsen. Das stärkt und beglückt.

Doch – um aus der Quelle der Liebe Gottes zu trinken, müssen wir zur Quelle gehen, wie Jesus am grossen Tag des Laubhüttenfestes der Menge zurief: *«Wer Durst hat, komme zu mir, und es trinke, wer an mich glaubt. Wie die Schrift sagt: Aus seinem Inneren werden Ströme von lebendigem Wasser fließen.» (Joh 7,37–38).*

«Wer Durst hat», wer sich sehnt als Tochter/ Sohn Gottes aus der Kraft des Heiligen Geistes zu leben, der soll zu Ihm kommen und von Ihm trinken. Dann *«werden Ströme von lebendigem Wasser»*, das heisst Freude, Frieden, Ermutigung, Liebe aus uns strömen.

Wie oft sollen wir trinken? Wie oft trinken denn Sie? Die meisten trinken jeden Tag mehrmals. Das heisst: Täglich sollen wir Seine Liebe und Seinen Geist in uns aufnehmen.

Eine junge Mutter von drei Kindern zwischen ein und sechs Jahren, die noch dazu auf dem Bauernhof mithilft, erzählt: «Ich muss mir meine 30 Minuten morgens regelrecht stehlen. 15 Minuten widme ich dem Lesen der Bibel und 15 Minuten der Stille und dem Gebet. Da lege ich alle Sorgen, Fragen und Ängste bewusst in Gottes Hand.

Diese Zeit ist mir überaus wichtig. Ich erfahre, wie aus dieser Zeit Segen fliesst. Ich bin viel ruhiger und habe nachher mehr Geduld mit den Kindern. Auch in der Beziehung zu meinem Mann geht es besser. Die ‹Chemie› stimmt auch in den anderen Beziehungen. Und zu meinem Erstaunen ist abends dennoch alle Arbeit getan.» So sieht Leben im Reich Gottes aus, wo Er in allem wirken kann!

2. Als Gottes Kinder leben

Kinder Gottes tragen in sich ein neues Selbstbewusstsein. Sie verstehen sich als geliebte Töchter, als geliebte Söhne, unendlich wertvoll, beschenkt mit einer unzerstörbaren Würde. Sie wissen, dass sie – selbst wenn sie materiell mausarm sind – unfassbar reich sind. Denn: *«Sind wir aber Kinder, dann auch Erben; wir sind Erben Gottes ...» (Röm 8,17).*

Wer von Ihnen hat schon mal geerbt? Erben ist schön. Man empfängt, wofür man nicht gearbeitet hat. Wer reiche Eltern hat, ist bereits jetzt reich, denn er weiss: das alles wird einmal mir (oder uns) gehören. Auch wir sind bereits jetzt reich. Denn «wir sind Erben Gottes». Alles, was Gott gehört, gehört in gewisser Weise bereits jetzt uns und wird uns einmal zum Genuss zur Verfügung stehen. Eine Ewigkeit voller Liebe wartet auf uns.

Aber nicht nur das. Etwas vom Erbe steht uns bereits jetzt zur Verfügung. Der Heilige Geist ist erste Auszahlung des ewigen Erbes. *«Der Geist ist der erste Anteil des Erbes, das wir erhalten sollen, ...» (Eph 1,14).*

Dieser erste Anteil des Erbes, der Heilige Geist, befähigt uns zu einem neuen Lebensstil. Wir können, erfüllt von Gottes Liebe, Gottes Segen weitergeben wie Jesus sagt: *«Liebt eure Feinde, und betet für die, die euch verfolgen, damit ihr (Töchter und) Söhne eures Vaters im Himmel werdet» (Mt 5,44–45).* Wir können auch sagen „damit ihr euch als Töchter und Söhne eures himmlischen Vaters erweist“.

Die «Feinde lieben» bedeutet nicht «gute Gefühle» oder Sympathie für sie zu empfinden, sondern ihnen wahrhaft gut zu tun. Dazu gibt uns der amerikanische Pastor und Bürgerrechtskämpfer Martin Luther King (1929-1968) in einer Rede an die Weissen ein gutes Beispiel: «Ihr mögt uns hassen, wir aber antworten mit Liebe. Ihr mögt uns aus euren Schulen ausschliessen, wir werden euch lieben. Ihr mögt uns schlagen, in die Gefängnisse schleppen, wir werden euch lieben. Ihr mögt uns unsere Häuser über dem Kopf anzünden, wir werden euch immer noch lieben.

Wir glauben an das Gute in euch, wir wollen es wecken durch unser Vertrauen. Das Gute wird nur durch Vertrauen geweckt. Es schlummert in jedem Menschen, es wird zugedeckt durch den Teufelskreis des Hasses. Dieser Kreis muss gesprengt werden durch die Kraft der Liebe. Es gibt keine grössere Kraft als die Kraft der Liebe, sie überwindet den Hass, wie das Licht die Finsternis.»

Als Töchter und Söhne Gottes sind wir nicht zum Murren, Nörgeln und Kritisieren berufen. Ja selbst in aussichtslos scheinenden Situationen ist uns eine himmlische Segensmacht anvertraut: Wir sollen lieben, beten und überall segnen, damit Gottes Heilspläne für alle Menschen in Erfüllung gehen.

3. Dem himmlischen Vater aus Freude dienen

«Wir danken Dir, dass Du uns berufen hast, vor Dir zu stehen und Dir zu dienen» – dieser Satz aus dem 2. Hochgebet berührt mich oft: wer ein wenig von der Schönheit, Grösse, Heiligkeit und Liebe des himmlischen Vaters erfahren hat, der betrachtet es als grosse Ehre, Ihm dienen zu dürfen!

Da zeigt auch eine Geschichte von Anthony de Mello: Das Reich Gottes gleicht zwei Brüdern, die fröhlich und zufrieden lebten, bis sie beide von Gott zu Jüngern berufen wurden.

Der Ältere ging frohen Herzens auf die Berufung ein, obgleich er sich von seiner Familie losreissen musste und auch von dem Mädchen, das er liebte und heiraten wollte. Schliesslich ging er fort in ein fernes Land, wo er sein Leben im Dienste der Ärmsten der Armen zubrachte. Als in jenem Land eine Christenverfolgung einsetzte, wurde er gefangen genommen, zu Unrecht beschuldigt, gefoltert und getötet.

Und der Herr sagte zu ihm: «Bravo, du bist ein guter und treuer Diener! Du hast mir Dienste im Werte von tausend Talenten geleistet. Ich werde dir nun zur Belohnung eine Milliarde Talente geben. Tritt ein in die Freude deines Herrn!»

Die Antwort des jüngeren Bruders auf die Berufung war bei weitem nicht so hochherzig. Er beschloss, sie zu überhören, so wie bisher weiterzumachen. Er war lange Jahre glücklich verheiratet, sein Geschäft blühte, und er wurde reich und berühmt. Gelegentlich gab er einem Bettler eine kleine Gabe oder erwies seiner Frau und sei-

Täglich Seinen Geist und Seine Liebe aufnehmen, um mit Freude dienen zu können.

nen Kindern eine besondere Freundlichkeit. Gelegentlich schickte er auch einen kleinen Geldbetrag an seinen älteren Bruder im fernen Land. «Vielleicht hilft es dir bei deiner Arbeit für die armen Teufel dort», schrieb er.

Und als auch für ihn die Zeit zum Sterben kam, sagte der Herr zu ihm: «Bravo, du guter und treuer Diener! Du hast mir zwar nur Dienste im Werte von zehn Talenten geleistet. Ich aber werde dir eine Milliarde Talente als Belohnung geben. Tritt ein in die Freude deines Herrn!»

Der ältere Bruder ist glücklich, dass sein jüngerer Bruder wenigstens in der Ewigkeit ebenso reich beschenkt wird von der unverdienbaren Güte des himmlischen Vaters, wie er dies bereits in seinem irdischen Leben war. Denn er hat die Gabe des Reiches Gottes kennengelernt: eine tief innere Erfüllung, ein Glück, das er nie mehr missen will! Dieses Glück ist die Freude Jesu: *«Dies habe ich euch gesagt, damit meine Freude in euch ist und damit eure Freude vollkommen wird» (Joh 15,11).*

Dieses Glück, diese innere Freude, bereits jetzt dem himmlischen Vater dienen, und sogar Strapazen und Leiden für Ihn tragen und ertragen zu dürfen, schenkt uns der Heilige Geist. Er nährt uns von innen her, jeden Tag neu.

Das Ja zum himmlischen Vater

Entscheidung – ich bleibe online – nicht Wünsche und Träume bringen uns weiter, sondern Entscheidungen. Als Antwort auf Sein Angebot, uns himmlischer Vater sein zu wollen, dürfen wir Ihm unser *«Amen»* geben:

Abba, lieber Vater,
ich danke Dir, dass ich Dich und Deine Sorge und Liebe für mich neu kennenlernen durfte.
Ich habe erkannt: Es ist das Beste für mich, mein Leben ganz von Dir führen zu lassen.
Darum sage ich jetzt Ja zu Dir und nehme Dich als meinen himmlischen Vater an.
Ich vertraue Dir mein ganzes Leben an, meine Vergangenheit und meine Zukunft.
Führe Du mich.
Ich will als Deine Tochter / als Dein Sohn
leben und Dir in Deinem Reich dienen.
Erfülle mich neu mit Deinem Heiligen Geist
und gib mir Freude an Deinen Wegen.
Amen

Liebe Leserin, lieber Leser

Vielleicht spüren Sie, dass der Heilige Geist Sie einlädt, das, was bis jetzt in Ihnen gewachsen ist, in einem Entscheidungsschritt festzumachen. Dann ist es gut, dies in einem Gebet auszusprechen. Wenn Sie die Möglichkeit haben, dieses Gebet vor Glaubensgeschwistern auszusprechen, sollten Sie dies tun. Denn ihr Gebet wird Sie in der Kraft der Entscheidung festigen, und das wird der Freude Ihres Lebens dienen. Dazu will Ihnen ebenfalls das Teilnehmerheft helfen.

9. Gemeinschaft – das Programm Jesu
Das «Unser» neu entdecken

Mit dem *«Amen»* entschieden wir uns mit Gott als unserem himmlischen Vater zu leben und als Seine Töchter und Söhne die Fülle Seiner Liebe anzunehmen. Damit haben wir unsere «königliche» Identität angenommen.

Mit diesem Ja ist der Vaterunserweg nicht zu Ende. Er beginnt in einer gewissen Weise erst recht, denn jetzt *wollen* wir im Reich Gottes leben und dem himmlischen Vater bei der Ausbreitung Seines Reiches helfen. Was heisst dies?

Die königliche Identität

«Ein König und seine Gemahlin bekamen erst spät in ihrem Leben den lang ersehnten Sohn, den Thronerben. Dieser Sohn trug ein auffallendes Feuermal an seinem Arm. Dann geschah ein Unfall, und bei diesem Unfall ging das Kind verloren.

Eine Horde Bettler fand das Kind. Sie sahen die prächtigen Kleider und die kostbaren Stoffe mit den Insignien eines hohen Herrn, die das Baby trug, aber da sie nicht lesen konnten, sondern hungrig waren und froren, nahmen sie das Kind und verkauften seine Kleidung.

Der König und seine Gemahlin waren ausser sich vor Schmerz über diesen Verlust und schickten von diesem Tag an Boten über das ganze Land, über die Grenzen hinaus, um ihren Sohn, diesen Jungen mit dem Feuermal am Arm zu suchen.

Wir wissen nicht, wie lange diese Suche gedauert hat. Wir wissen nur, dass das Kind unter den Bettlern lebte. Es wuchs in Schmutz und Lumpen, mit Ratten und Flöhen auf. Und es lernte zu betteln, zu lügen, zu betrügen, zu fluchen und auch zu stehlen. So lebte es: ein Bettler unter Bettlern, bis zu dem merkwürdigen Tag, als die Boten des Königs das Kind fanden.

Inzwischen wurde der Junge schon zweimal beim Diebstahl ertappt. Und diesmal hatte er bereits den Strick um den Hals, um auf dem Marktplatz gehenkt zu werden. Doch als die königlichen Boten eintrafen und das Feuermal am Arm entdeckten, wussten sie: Das ist der gesuchte Sohn. Sie schritten sofort ein, befreiten den Jungen und nahmen ihn mit zum König.

Der Bettlerjunge hatte grosse Angst. Und als die Boten ihm die frohe Botschaft überbrachten, dass er der verlorene und lange Zeit gesuchte Sohn des Königs sei, meinte er, dass das nur ein grausamer Scherz sei. Er hatte sogar Angst, dass jetzt zu seinem Tod zusätzlich noch Folterqualen auf ihn zukämen. Daher versuchte er mehrmals vergeblich, aus der Kutsche zu springen und zu entkommen.

Seine Verwirrung wuchs zunehmend, als er, im Schloss angekommen, vom König und seiner Gemahlin überglücklich in die Arme geschlossen wurde. Der Verdacht keimte in ihm auf, dass das eine schreckliche Verwechslung sein müsse. Als er an einem Spiegel vorbei kam, schien alles mehr und mehr ein Hohn zu sein. Sah so ein Königssohn aus? In Lumpen gekleidet, unangenehm riechend, verlaust und in gebückter, unterwürfiger Haltung?

Wir können uns vorstellen, dass er in der ersten Nacht versucht hatte, das Schloss durch sein Fenster zu verlassen und zu fliehen, dass er sich in seinen neuen Kleidern absolut lächerlich fühlte und immer wieder eine tiefe Abneigung gegen die Badewanne zu überwinden hatte. Uns wird deutlich, dass auf den jungen Bettler in den nächsten Wochen, Monaten und Jahren viel Neues zukommen wird. Er muss werden, der er wirklich ist: der Sohn des Königs und der zukünftige Regent des Landes.

Nicht einfacher ist die Aufgabe der Diener des Königs, den Königssohn in die verschiedensten Bereiche seines Erbes einzuführen. Es wird viel Geduld brauchen, bis sich der ehemalige Bettler seiner königlichen Natur entsprechend benehmen wird, und es wird noch länger dauern, bis er tatsächlich wie der Erbe des Reiches denkt und sich auch so verhält. Auch Rückfälle in die alte Bettlermentalität sind denkbar.»

Der Königssohn in der Geschichte muss die Bettlermentalität loslassen und lernen, in eine neue, eben königliche Mentalität hineinzuwachsen. Er muss lernen, sich als Königssohn zu fühlen und entsprechend zu benehmen. In einen ähnlichen Lern- und Umwandlungsprozess sind wir hineingerufen.

Die königliche Macht in Anspruch nehmen

Wir sind – einige vielleicht jetzt auf diesem Vaterunserweg - aus dem Reich der Welt ins Reich Gottes eingetreten. Wir sind Königskinder, Gottes geliebte Töchter und Söhne. Das ist unser neuer Stand, den wir mit dem *«Amen»* angenommen und besiegelt haben.

Damit kommt Neues auf uns zu. Der Königssohn musste nicht nur lernen, sich als Königssohn zu fühlen und zu benehmen, sondern auch die ihm anvertraute königliche Macht in Anspruch zu nehmen. Er musste lernen, aus der königlichen Macht heraus zu handeln, Verantwortung zu übernehmen und aktiv zu werden.

Das gilt auch für uns, denn die Worte Jesu damals am Ostertag gelten Seinen Jüngern zu allen Zeiten: *«Wie mich der Vater gesandt hat, so sende ich euch. Nachdem er das gesagt hatte, hauchte er sie an und sprach zu ihnen: Empfangt den Heiligen Geist!» (Joh 20,21b-22)* Jesus schenkt uns «Seine königliche Macht», den Heiligen Geist. Er ruft uns, in Gemeinschaft Seine Sendung in der Welt weiterzuführen. Weshalb in Gemeinschaft?

Das «Unser» – Gemeinschaft leben

In Amerika macht man immer noch Wettkämpfe, um festzustellen, wie stark ein Pferd ist. Erstaunlich ist das Ergebnis: Ein starkes Pferd kann etwa 300 Kilo bewegen. Zwei Pferde im Gespann schaffen mehr als das Doppelte – nämlich 900 Kilo. Drei Pferde können sogar eine Last von drei Tonnen bewegen! Gemeinschaft macht stark! Deshalb das Thema: *Gemeinschaft – das Programm Jesu. Das «Unser» neu entdecken.*

Während des ganzen Vaterunserweges haben wir jeweils in der Mehrzahl gesprochen: Wir oder uns. Das ganze Vaterunser ist ein Wir-Gebet. Insgesamt kommt das Wort «uns» oder «wir» neun Mal vor.

Das Vaterunser führt uns dazu, uns gegenseitig als Schwestern und Brüder zu verstehen und zu lieben. Gemeinsam sollen wir besorgt sein:

- dass alle ihr tägliches Brot erhalten,
- dass Vergebung untereinander möglich wird und verletzte Beziehungen heil werden,
- dass wir die Versuchungen überwinden können und von allem Bösen frei werden.

Diese Tatsache macht deutlich, dass wir als einzelne Christen in eine grössere Gemeinschaft, in die Kirche eingebunden sind. Es geht in diesem Gebet um die Familie Gottes, um das Volk Gottes. Zu dieser Familie Gottes gehören nicht nur die jetzt auf der Erde lebenden Schwestern und Brüder, sie umfasst auch die Heiligen, die im Himmel bei Gott sind. Als Geschwister sind wir so in einer grossen Familie alle miteinander verbunden und unterstützen einander.

Gemeinschaft war von Anfang an das Programm Jesu. Die Evangelien erzählen, dass Jesus Sein Wirken damit begonnen hat, Menschen aus ihrer alten Umgebung heraus zu rufen, um mit ihnen ein gemeinsames Leben zu beginnen.

Die Apostel setzten dies später fort. So sind aus der Schar der Jünger, die Jesus in Seine Nachfolge gerufen hatte, nach Ostern die ersten Gemeinden entstanden. Die Sammlungsbewegung Jesu ist weitergegangen – bis heute. Jesus ruft auch heute Menschen zu einem gemeinsamen Leben im Reich der Liebe Gottes. Einige Aspekte dieses neuen Lebensstils des Reiches Gottes werden wir nun betrachten.

Einander unterstützen

In unserem Leben passieren Dinge, die uns weh tun und die so hart für uns sind, dass wir resignieren könnten. Da ist Vertrauen in die weise Führung des himmlischen Vaters gefragt.

Eine Witwe von über fünfzig hat zu ihren Problemen auch noch ihren Arbeitsplatz verloren. Sie ist erschüttert und macht sich wenig Hoffnung, in ihrem Alter noch etwas Passendes zu finden. So klagt sie resigniert ihr Leid einer anderen gläubigen Frau und meint, Gott habe sie hängen lassen. Darauf schockiert diese die Witwe: «Was fällt dir eigentlich ein, so zu reden und zu denken! Du bist doch ein Kind Gottes, eine Tochter Gottes! Ein Vater lässt doch Seine Kinder nicht hängen! Hör auf, so pessimistisch zu jammern. Dein himmlischer Vater wird auch für dich sorgen. Vertrau Ihm!» Die Witwe entschied sich, dem himmlischen Vater zu vertrauen und sagte Ihm dies. Keine Woche später hatte sie eine neue Arbeit.

Es geht oft nicht so schnell. Doch es ist und bleibt unsere Aufgabe, einander zu ermutigen, der Führung des himmlischen Vaters und Seinen Wegen zu vertrauen. Insbesondere dann, wenn der Weg schwierig ist und wir lange auf die Lösung von Problemen warten müssen. Und das ist in der Regel so! Treue, Geduld, Ausdauer und trotz allem ein kühnes Vertrauen sind oft von uns gefordert. Dazu wollen wir einander immer wieder in der Gewissheit ermutigen. Denn für alle Situationen hat der himmlische Vater Heils- und Lösungswege bereit, die Zeit und Ewigkeit umfassen.

Das bezeugen uns viele grosse Frauen und Männer Gottes, die sogenannten Heiligen. Sie machen uns durch ihr Vorbild Mut und unterstützen uns mit ihrem Gebet vom Himmel her.

Wir brauchen aber auch Menschen, die uns Wachstumshilfen im Glauben geben, Menschen, mit denen wir gemeinsam auf Gottes Wort hören, beten und singen können. Wir brauchen Menschen, die sich mit uns aktiv für das Reich Gottes engagieren. Es ist ein Geschenk, wenn wir eine Gemeinschaft haben, die uns in allen Bereichen unseres Lebens unterstützt und stärkt.

Gerade in der heutigen Zeit, wo dem Christsein oft ein eisiger Wind entgegen weht, brauchen wir Glaubensgruppen, in denen die Kraft und die Freude des Glaubens immer neu entfacht wird und wir mit unseren unterschiedlichen Talenten, Gaben und Charismen einander dienen können.

Einheit in Gottes Familie fördern

Ein grosser Wunsch aller Eltern ist es, dass ihre Kinder in Frieden miteinander leben. Sie möchten, dass jedes Kind in seiner Originalität geehrt und geachtet wird. Jedes Kind soll seinen ihm zukommenden Platz erhalten. Dazu gehört, wie Paulus schreibt: *«In Demut schätze einer den andern höher ein als sich selbst. Jeder achte nicht nur auf das eigene Wohl, sondern auch auf das der anderen» (Phil 2,3–4).*

Genau dies ist auch der Herzenswunsch des himmlischen Vaters. Darum hat Jesus immer wieder zu Versöhnung und Einheit unter den Glaubensgeschwistern aufgerufen und auch speziell darum gebetet: *«Alle sollen eins sein: Wie du, Vater, in mir bist und ich in dir bin, sollen auch sie in uns sein, damit die Welt glaubt, dass du mich gesandt hast» (Joh 17,21).*

In unseren Teams, in den Pfarrgemeinden, in der Kirche und unter den christlichen Konfessionen gilt es, auf die Einheit zu achten. Denn Unstimmigkeiten, Nachtragen, verletztes Schweigen, Rückzug und das Festhalten an «alten Geschichten» sowie Rechthaberei schwächen das Miteinander und hindern den Heiligen Geist, in Seiner ganzen Kraft zu wirken.

Einheit unter den Gläubigen zu fördern bedeutet, den Schatz im anderen zu erkennen und ehren. Denn alle Schätze haben ihren Ursprung im gleichen Gott. Wir sollen also Seine Schätze in allen Konfessionen oder Kirchen sehen und ehren.

Gemeinschaft fördern heisst, einander ehren, ohne die Unterschiede zu verwischen, so wie es eben in einer Familie unterschiedliche Geschwister gibt. Das heisst, dass wir nicht von uns aus urteilen, sondern zu verstehen suchen. Für manches in der Bibel gibt es verschiedene Sichtweisen. Anderes ist zu verstehen, wenn wir die damalige Situation der Kirche kennen. Respektieren wir die Traditionen der verschiedenen Konfessionen und Kirchen im Bewusstsein, dass letztlich alle zusammengehören, weil wir den gleichen himmlischen Vater, den gleichen Erlöser Jesus Christus und den gleichen Heiligen Geist haben.

Wie das aussehen kann, hat John Wesley, (1703–1791) in einem Gebet so beschrieben: «Vater! Ich liebe meine Schwestern und Brüder. Ich liebe sie, weil Du sie liebst. Ich liebe sie, obwohl sie Fehler haben und Fehler machen.

Herr! Ich will mein Herz, meine Gedanken und meinen Mund bewahren, dass sie nichts Negatives und Zerstörerisches denken und sagen über meine Geschwister. Negatives über andere erzähle ich nicht mehr weiter. Und wo ich von Unsegen höre, soll das von nun an nur noch ein Anlass sein, zu vergeben, zu segnen und zu lieben.»

Es freut den himmlischen Vater, wenn wir alle Seine Kinder lieben, zu welcher Konfession, Gruppe oder Bewegung in- oder ausserhalb unserer Kirche sie auch gehören.

Sendung in die ganze Welt

Beim Vaterunser geht es nicht nur um die Gemeinschaft der Kirche, sondern auch um die Gesellschaft, ja um die ganze Welt. Gottes Reich soll überall mehr und mehr hereinkommen. Das ist nötiger denn je. Denn wir erleben heute in Europa eine immer grösser werdende Entchristlichung der Gesellschaft. Wir leben in einer Gesellschaft mit sündigen Strukturen, wie es z.B. die ungerechten Wirtschaftssysteme und das Nord-Süd-Gefälle sind, welche die Reichen reicher und die Armen ärmer werden lassen.

Wir erfahren, wie Unterentwicklung, politische, wirtschaftliche und religiöse Unterdrückung, Ausgrenzung, Hunger, Krieg, usw. zu unzähligen sozialen Wunden führen, die von Generation zu Generation weitergehen können. Als einzelne Menschen fühlen wir uns in vielen Bereichen ziemlich hilflos, denn unsere Einflussmöglichkeiten sind oft gering. Aber als grosse Gemeinschaft der Kirche haben wir Möglichkeiten, da etwas zu bewirken.

Doch ganz konkret geht es darum, Augen, Herz und Ohren zu öffnen, wo wir uns einsetzen können, damit Gottes Reich wächst. Jeder von uns lebt in einem Umfeld, wo ihm täglich vielfältige Menschen und Situationen begegnen.

Hier und jetzt zählt der himmlische Vater auf uns! Er möchte als Vater durch uns wirken und durch uns Sein Erbarmen offenbaren: *«Euer Licht soll vor den Menschen leuchten, damit sie eure guten Werke sehen und euren Vater im Himmel preisen» (Mt 5,16).* Gottes Herrlichkeit soll in unseren Gemeinschaften aufleuchten, sodass die Menschen sagen: «Diesen Gott möchten wir auch kennen lernen. Zu diesem Gott möchten wir auch gehören. Diesen Gott möchten wir auch als Vater haben.»

Gemeinschaft macht stark und gibt Freude!

Quellenhinweise

Literatur

Bader, Wolfang (Hrsg.): Vater unser. Stimmen und Variationen zum Gebet des Herrn. Verlag Neue Stadt, München 1999.
Bibel aktuell. Arbeitshilfe für Bibelkreise Heft 66 und 67: Vater unser I und II. Amt für missionarische Dienste in Württemberg, Stuttgart 1996.
Cardenal, Ernesto: Das Buch von der Liebe. Gütersloher Verl.-Haus 1977.
Häring, Bernhard: Vater unser. Verlag Kanisius, CH-Freiburg 1997
Martini, Carlo Maria: Den Weg zum Vater finden. Verlag Neue Stadt, München 1999.
Heer, Josef (Hrsg.): Vater unser im Himmel. Verlag Katholisches Bibelwerk, Stuttgart 1990.
Hofmann, Irmela: Wenn ihr betet. Brendow Verlag 1987.
Kehl, Medard: Und was kommt nach dem Ende? Verlag Herder Freiburg 1999.
Körner, Reinhard: Das Vaterunser. Spiritualität aus dem Gebet Jesu. Benno- Verlag, Leipzig 2002.
Lapide, Pinchas: Er wandelte nicht auf dem Meer. Gütersloher Verl.-Haus 1996.
Predigtreihe: Unser Vater. Matthias Pfaehler, Roger Rohner, Bruno Waldvogel in der Gellertkirche, Basel 2010
Rohr, Richard: Visionen einer neuen Welt. Verlag Herder, Freiburg 1996.
Suenens, Léons-Joseph: Erneuerung und die Mächte der Finsternis. Otto Müller Verlag, Salzburg 1983.
Venetz, Hermann-Josef: Die Bergpredigt. Patmos Verlag, Düsseldorf 1987.
Wulf, Ligges und Sauter, Hellmut: Vater unser. Tyrolia-Verlag, Wien 1987.

Bildernachweis

S. 10: Betendes Kind und Hund, Quelle unbekannt; S. 17: Milchstrasse, © h20220 – istockphoto; S. 19: Vater und Sohn, © Scott Giressel – istockphoto; S. 22: Frau, © Robert Henson – istockphoto; S. 28: Lobpreisender Mann, © james steidl – istockphoto; S. 33: Sprung ins Wasser, © Judi Baranco – istockphoto; S. 38: Vater und Sohn, © brandfurnace – istockphoto; S. 43: Weg, brytta – istockphoto S. 46: Jesus Christus, Mosaikbild, © nexusseven - istockphoto; S. 49: Tochter und Mutter, © Alexandeer Ratha – istockphoto; S. 54: Gebrochenes Brot, © tarionel – istockphoto; S 59: Mosaik in Tabgha, Israel, © Lazar Mihai-Bogdan; S. 66: Konflikt zwischen Mann und Frau, © Tatiana Gladskikh – istockphoto; 71: Handschlag, © 4X-image – istockphoto; 72: Kreuzbild, Gabriel Krucker, © WeG-Verlag; S. 75: Vater und Tochter, © Galina Barskaya – istockphoto; S. 81: Zwei Personen, Dragan Trifunovic – istockphoto; S. 85: Abweisender Mann, © P_Wei – istockphoto; S. 88: Freude im Sommer, © Claudia Dewald – istockphoto , S. 92: Mosaik Jesus Christus, Baptisterium St. John in Florenz © Timur Kulgarin – istockphoto; S. 96: Zwei Kinder, © comptine – istockphoto; S. 99: Mann mit Bibel, © Ron Tech 2000 – istockphoto; S. 104: Freude, © james steidl – istockphoto; 108: Trinkendes Kind, © Anathan Vardhan – istockphoto; S. 112: Krone, © ? Tony Johansson – istockphoto; S.117: Betende Hände, © Mary Gascho – istockphoto.

Veröffentlichungen des WeG Verlages

Von der Freude des Christseins
Der christliche Glaube ist Evangelium: Botschaft der Freude. Hier wird aufgezeigt, wie die Freude am Christsein wachsen kann und was sie erstickt. Für alle, die mit mehr Freude ihren Glauben leben möchten. *32 Seiten mit 3 Farbbildern*

Reinkarnation und Auferstehungsglaube
Sachlich und informativ wird hier aus christlicher Sicht aufgezeigt, worin sich Auferstehungsglauben und Reinkarnation unterscheiden. Die Schrift dient allen, die für sich selbst hierüber mehr Klarheit suchen oder andere klärend begleiten möchten. Sie vertieft die Auferstehungsfreude. *68 Seiten mit 6 Farbbildern*

Vom Diesseits zum Jenseits. Tod – und was dann?
In dieser Schrift werden – ausgehend von der Bibel – in einfacher und verständlicher Form folgende Themen erläutert: Das christliche Sterben, die Wiederkunft Jesu Christi, das Gericht, die Hölle, das Fegfeuer und der Himmel. Sehr hilfreich! *48 Seiten mit 5 Farbbildern*

Altes Testament - heute noch aktuell? Erste Zugänge zum Verständnis.
Viele typische Fragen zum Alten Testament werden hier in einen neuen Zusammenhang gestellt und so erklärt, dass darin die bleibende Botschaft des liebenden Gottes aufleuchtet. *48 Seiten mit 8 Farbbildern*

Brannte uns nicht das Herz...? Einführung ins innere Gebet. *Pilgerbuch*
Eine Einführung für alle, die ihr Gebet vertiefen möchten. *232 Seiten mit 26 Farbbilder*

Wachsen in der Kraft des Heiligen Geistes
Der Heilige Geist will uns froh und glücklich machen. Er will in uns wachsen und Seine Kraft in unserem Leben offenbaren. So wirkt der Heilige Geist in Tugenden, Gaben, Sakramenten, Früchten und Charismen. In dieser Schrift wird ins vielfältige Wirken des Heiligen Geistes eingeführt (auch in den geistlichen Kampf) und aufgezeigt, wie wir kraftvoll und mit Freude unsere Sendung leben können. *120 Seiten mit 10 Farbbildern*

Gebote als Lebenshilfe. Die Zehn Gebote neu erklärt
Die Zehn Gebote sind die Grundlage der menschlichen Gesellschaft. Ausgehend von der biblischen Ursprungsbedeutung wird der heutige Sinn der Gebote dargelegt. Dabei wird offensichtlich, wie die Gebote uns helfen, das Leben besser und froher zu gestalten. *112 Seiten*

Nachfolge – Gottes Reich wächst! Impulse zum Lukas-Evangelium und zur Apostelgeschichte.
Sämtliche Texte werden in 208 Impulsen verständlich erklärt und geben inspirierende Impulse für die Nachfolge Jesu. Biblisches Wissen und geistliche Deutung ergänzen sich. Auch als Nachschlagewerk geeignet. *336 Seiten mit 18 Farbbildern*

Christus in der Kirche. Katholische Schätze entdecken.
Ausgehend von der Bibel gibt dieses spirituelle Buch einen umfassenden Einblick ins katholische Glaubensverständnis. Viele geschichtliche Entwicklungen werden dargelegt. Auf viele Fragen – auch zur katholischen Sichtweise – werden leicht verständliche Antworten gegeben. Eine Fundgrube für alle, die mehr wissen und die katholischen Schätze entdecken wollen. *280 Seiten mit 49 Farbbildern*

«Willst du gesund werden?» Gottes Wege zum Heil. Mit Unterscheidungshilfen zu alternativen Heilpraktiken.
Viele Menschen suchen nach Heilung und Hilfe in ihren Beschwerden und Leiden. Gott will uns Menschen glücklich machen und uns in vielfältiger Weise Heilung und Heil schenken – auch heute! In diesem Buch wird Gottes Sicht über Heilung und Krankheit dargelegt und ermutig, Gottes Wegen zum Heil zu vertrauen und ihnen zu folgen. Dazu werden, ausgehend vom christlichen Welt- und Menschenbild, Unterscheidungshilfen zu heute aktuellen (vielfach östlichen) Heilpraktiken dargelegt. *168 Seiten*

Leiden – wozu? Biblische Impulse zur Leidbewältigung
Warum? Hinter dieser Frage steht oft die existenzielle Not: Wie kann dieses Leiden bewältigt werden? Das Buch zeigt, wie aus unvorstellbarem Leiden Segen wachsen kann. Für alle, die in Leiderfahrungen Hilfe suchen oder anderen helfen möchten. *112 Seiten*

Wie der Glaube Frucht bringt? Etappen und Krisen im geistlichen Leben.
Glaube will ausstrahlen, Freude und Frucht bringen. Dies geschieht, wenn die Beziehung zu Gott in allen Phasen des Lebens – auch in Krisen und Enttäuschungen reift und weiterwächst. Dazu ermutigt diese Schrift, die eine wertvolle Einführung und Orientierung fürs geistliche Leben gibt. *56 Seiten mit 9 Farbbildern*

Islam – Christentum. Eine aktuelle Herausforderung
Was ist der Islam? Wie ist er entstanden? Wie steht er zu Krieg und Terror? Welche sind die Unterschiede zum christlichen Glauben? Wie sollen wir uns Muslimen gegenüber verhalten? Dieses einfach verständliche Buch gibt eine gute Grundeinführung in diese Fragen und hilft uns vieles besser zu verstehen. *160 Seiten mit 17 Farbbildern*